STRASSE DER INDUSTRIEKULTUR

IN WEST- UND MITTELTHÜRINGEN

1 AWE und Automobile Welt in Eisenach
2 Aktienbrauerei in Eisenach
3 Alte Mälzerei in Eisenach
4 Uhrenwerk in Ruhla
5 Spielzeug-Industrie in Waltershausen
6 Leinakanal von Georgenthal bis Gotha
7 Schlachthof in Gotha
8 Perthesforum in Gotha
9 Versicherungsmuseum in Gotha
10 Tobiashammer in Ohrdruf
11 Alte Gerberei in Ohrdruf
12 Ohra-Talsperre nahe Luisenthal
13 Brauereimuseum in Luisenthal
14 Flößgraben zwischen Gräfenroda und Oberhof
15 Gartenzwerg-Manufaktur in Gräfenroda
16 Eisenbahn-Viadukt in Angelroda
17 Brauerei in Singen
18 Dorfschmiede in Großliebringen
19 Tunnelmuseum in Niederwillingen
20 Nadelwerk in Ichtershausen
21 Bahnbetriebswerk in Arnstadt
22 Saline in Erfurt
23 Kali-Verwaltung in Erfurt
24 Olex-Tankstelle in Erfurt
25 Malzwerk in Erfurt
26 Schuhfabrik Hess in Erfurt
27 Lampenfabrik Stübgen in Erfurt
28 Textilfabriken in Erfurt
29 Sparkassengebäude in Erfurt
30 Haus Dacheröden in Erfurt
31 Optima in Erfurt
32 Benary-Bauten in Erfurt
33 Palmenhaus in Erfurt
34 Kresseklingen in Erfurt-Hochheim
35 Braugold-Brauerei und Steigerbrauerei in Erfurt
36 Thuringia-Versicherung in Erfurt
37 Landesarbeitsamt für Mitteldeutschland in Erfurt
38 Etikettenfabrik Etama in Erfurt
39 Erinnerungsort Topf & Söhne in Erfurt
40 Straßenbahndepot in Erfurt
41 Nudelfabrik North in Erfurt
42 Umformtechnik in Erfurt
43 Bertuchhaus in Weimar
44 Pavillon Presse in Weimar
45 Hetzerhalle in Weimar
46 Weimar-Werk in Weimar
47 Eiermannbau in Apolda
48 Vereinsbrauerei in Apolda
49 Glockenmuseum in Apolda
50 Gradierwerk „Louise" in Bad Sulza

KLARTEXT

Johannes M. Fischer / Gerald Grusser (Hg.)

Thüringer Straße der Industriekultur

Von Eisenach über Gotha und Erfurt nach Weimar und Apolda

IMPRESSUM

1. Auflage März 2018

Autoren:
Dietmar Grosser, Tamara Hawich

Redaktion:
Mirko Krüger

Layout, Satz, Umschlaggestaltung:
Volker Pecher, Essen

Druck/Bindung:
Griebsch & Rochol Druck GmbH,
Gabelsbergerstraße 1, 59069 Hamm

Klartext Verlag, Essen

KLARTEXT

Jakob Funke Medien
Beteiligungs GmbH & Co. KG
Friedrichstraße 34–38
45128 Essen
info@klartext-verlag.de
www.klartext-verlag.de

ISBN 978-3-8375-1914-3

Bibliografische Information der Deutschen Bibliothek
Die Deutsche Nationalbibliothek verzeichnet diese Publikation
in der Deutschen Nationalbibliografie; detaillierte
bibliografische Daten sind im Internet über http://dnb.dnb.de abrufbar.

VORWORT

RUFEN SIE DIE GEISTER!

Zum Zeitbegriff fällt einem sicherlich vieles ein. Man muss kein Philosoph sein, um zu wissen, was mit ihr passiert. Sie vergeht.

Warum aber der Hersteller eines Uhrwerks um 1880 auf die Idee kommt, sein Zahnrädersystem „Fearless" (furchtlos) zu nennen, ist rätselhaft. Sicherlich stand bei der Namenssuche der wagemutige Gedanke Pate, eines Tages die Zeit beherrschen zu können.

Hergestellt wurde „Fearless" in Ruhla. Irgendwann lief die Zeit für dieses Modell ab, aber die Zeit der Uhren tickt in dem Ort weiter. Das Hauptgebäude des heutigen Uhrenwerks – ein schmuckloser Sechsgeschosser aus Stahlbeton, verkleidet mit Klinkern – gehört zu den wichtigen Industriedenkmälern Thüringens, die wir Ihnen, liebe Leserinnen und Leser, in diesem Buch vorstellen.

Ein Industriegebäude macht fast immer neugierig. Selbst – oder vielleicht gerade – wenn es verfällt. Das hat einen guten Grund: Mit den Gemäuern verwoben sind alte, schlafende Geister, die Geheimnisse hüten. Man kann diese Geister wecken. Dazu muss man zwei Dinge tun. Zunächst einmal sollte man ihre Geschichten lesen. So eine wie die des „Fearless"-Räderwerks. Und dann muss man den Ort besuchen, das Gebäude sehen, es berühren, es betreten. Wenn sich Wissen und Anschauung vereinen, erwachen die Geister und der Spuk in unserem Kopf nimmt seinen Lauf. Seien Sie also furchtlos und fangen mit einem kleinen Schritt an. Blättern Sie in der „Thüringer Straße der Industriekultur".

Dort lesen Sie dann auch, dass die größten Profite in Ruhla während der großen Weltkriege gemacht wurden: Mit dem Bau von Zeitzündern für Granaten. Plötzlich bekommt der Markenname „Fearless" eine neue Bedeutung, die 1880 noch niemand ahnte. Mit einem furchtlosen „Hurra" auf den Lippen versank manch ein Soldat im Schützengraben, wo er seinen letzten Atemzug im schlammigen Nirgendwo aushauchte.

Tatsächlich ist Industriekultur erlebbare Geschichte, und das vorliegende Buch ein Reiseführer durch diese Historie. Fakten, Fotos, Informationen und kleine Interviews helfen Ihnen dabei, die schlafenden Geister zu wecken.

Sie begegnen sprechenden Puppen, die fast hundert Jahre vor Beginn des Computerzeitalters Dinge taten, die man einem toten Gegenstand nie zugetraut hätte. Sie treffen auf ein Haus mit dem berühmten Spruch „Vorwärts immer, rückwärts nimmer", und Sie werden mit der erbarmungslosen Logik des nationalsozialistischen Massenmordens konfrontiert.

Sie erleben aber genauso die Sonnenseiten der Geschichte: die Geburtsstätte des lustigen Gartenzwergs, der tatsächlich aus Thüringen stammt. Ein Haus, in dem Sie alles vermutet hätten, was eckig und zweckmäßig ist, aber auf keinen Fall die schönste Wendeltreppe weit und breit. Und vieles mehr. Falls Sie mit dem Auto unterwegs sind, vergessen Sie nicht, zu tanken: Vielleicht sind Sie schon hundertfach an ihr vorbeigefahren, aber nach der Lektüre dieses Buches werden Sie die älteste Tankstelle Erfurts mit anderen Augen sehen.

Viel Spaß bei der Lektüre! Ach ja, und grüßen Sie die Geister.

Johannes M. Fischer
Chefredakteur,
Thüringer Allgemeine

Prof. Gerald Grusser
Hauptgeschäftsführer,
Industrie- und Handelskammer Erfurt

Dieses Buch ist ein Gemeinschaftswerk von Thüringer Allgemeine und IHK Erfurt. Die Recherchen wurden unterstützt vom Thüringer Wirtschaftsarchiv e. V. und vom Thüringer Landesamt für Denkmalpflege und Archäologie.

Doppelkurbel-Kniehebel-Tiefziehpresse
Die Doppelkurbel-Kniehebel-Tiefziehpresse wurde im Jahre 1928 von der Göppinger Firma L. Schuler für die damalige Fahrzeugfabrik Eisenach AG gefertigt.
Von 1928 bis 1991 wurden auf ihr in ständiger Folge Karosserieteile produziert: Dixi 3/15 (DA 1), alle in Eisenach gefertigten BMW-Fahrzeuge, EMW 340, Wartburg 311, Wartburg 353, Wartburg 1.3 u. a.
Diese Presse dokumentiert als wesentliches Fertigungsgerät des Automobilbaus, das die grundlegende Modernisierung des industriellen Produktionsablaufes zur rationellen Kleinwagenherstellung in Großserie ermöglichte, einen bedeutenden Abschnitt der Industriegeschichte Thüringens: die erste große Rationalisierungswelle im deutschen Automobilbau, die sich in den 20er Jahren des 20. Jahrhunderts vollzog. Sie ist als voll funktionstüchtige Großpresse, die über 70 Jahre in den Produktionsablauf eingebunden war, in dieser Form einzigartig in Deutschland.

EINE WIEGE DES AUTOMOBILBAUS

Ob die Wartburg, der Dixi-Zentaur, der BMW-Propeller oder der Opel-Blitz – all diese Markenzeichen schmücken Fahrzeuge aus Eisenach. Die Stadt spielt in der Geschichte des Automobilbaus eine bemerkenswerte Rolle

Im Dezember 1896 wurde die Fahrzeugfabrik Eisenach AG gegründet. Die Produktion startete im Sommer 1897. Die ersten Wartburg-Motorwagen konnten ein Jahr später ausgeliefert werden. Sie wurden auf Basis einer Lizenz nach französischem Vorbild gebaut. Damit war die Eisenacher Fabrik das vierte deutsche Unternehmen, das Fahrzeuge in großer Stückzahl produzierte.

Wie die meisten Unternehmen dieses Industriezweiges produzierte die Fahrzeugfabrik im Ersten Weltkrieg vorrangig für den Heeresbedarf. 1928 übernahm die Bayerische Motoren Werke AG die Eisenacher Fabrik. Am Stammort in München wurden zunächst keine Automobile gebaut; dies geschah weiterhin allein in Eisenach.

Schon bald begann BMW damit, das Werksgelände zu erweitern. Es entstanden Geschoss- und Hallenbauten, die entlang geradliniger Betriebsstraßen aufgereiht wurden. Doch der Ausdehnung des Werkes waren enge Grenzen gesetzt.

Das Automobilmuseum befindet sich in einem restaurierten Fabrikgebäude. Davor steht eine riesige Doppelkurbel-Kniehebel-Tiefziehpresse. Von 1928 bis 1991 wurden auf ihr Karosserieteile produziert.
Foto: Marco Kneise

„SPORTLICH UND EDEL“

Drei Fragen an den Automobilhistoriker Horst Ihling

Horst Ihling hat die Geschichte des Automobilbaus in Eisenach erforscht.
Foto: Norman Meißner

Ein Eisenacher Silberpfeil,
das war der „AWE R3“ aus dem Jahr 1956.
Foto: Alexander Volkmann

Was waren die schönsten je in Eisenach gebauten Autos?
Da muss ich nicht lange überlegen. Vor dem Zweiten Weltkrieg wurden von BMW wunderschöne Cabrios und Coupés gebaut. Besonders edel, sportlich und formschön waren für mich der damalige 327er und der 328er. Der BMW 327 war ein als Coupé und Cabriolet erhältlicher Tourensportwagen, den BMW von 1937 bis 1941 in Thüringen baute. Der BMW 328 wiederum gehörte zu den Traumsportwagen seiner Zeit. Heute sind nur wenige Exemplare erhalten. Gut restauriert, sind sie ein Vermögen wert. Sie kosten bis zu 750 000 Euro.

Gab es davon Nachfolger?
Ja, nach dem Krieg wurden zwei Varianten als BMW 327 gebaut. Nach einem Rechtsstreit wurden aus den Bayerischen Motorenwerken 1952 die Eisenacher Motorenwerke. Der 327 hieß nun EMW 327. Auch dieses Auto aus den Fünfzigern ist ein Traumwagen. Gut erhaltene Modelle kosten nicht unter 100 000 Euro.

War es danach mit der Schönheit vorbei?
Selbst in der Zeit des AWE-Werkes gelangen noch große Würfe. Dazu gehört vor allem der Wartburg Sport 313/1, der heute unter Sammlern als Trophäe gilt. Ich selbst halte aber auch die Wartburg 311 Coupés, Cabrios und den Camping, ebenfalls aus den Fünfzigern, für sehr schöne Autos.

Ein Traumwagen aus Eisenach,
das ist der BMW 328.
Lediglich 464 Roadster wurden gebaut.
Foto: Alexander Volkmann

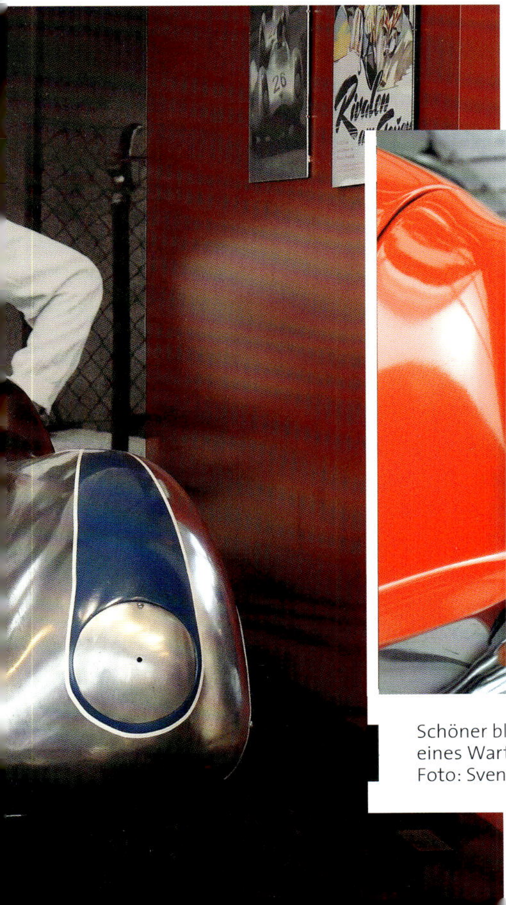

Schöner blinken: Heckpartie
eines Wartburg ausgangs der 50er Jahre.
Foto: Sven-Uwe Völker

Auf der einen Seite fließt die Hörsel, auf der anderen verläuft eine Eisenbahnstrecke. Notgedrungen setzte man in Eisenach deshalb in späteren Jahren auch auf eine Aufstockung der vorhandenen Gebäude, zu DDR-Zeiten gab es immer wieder Standortverlagerungen. Bereits 1952 war das Werk in Volkseigentum übergegangen. Wenig später firmierte es als VEB Automobilwerk Eisenach (AWE).

Noch vor der politischen Wende 1989 wurden Produktionszweige in Neubauten an den westlichen Stadtrand Eisenachs verlegt. Diese Bausubstanz nutzte die Adam Opel AG nach 1989 für den Aufbau einer Montagestrecke. Bereits 1990 lief der erste Opel Vectra vom Band des Eisenacher Automobilwerkes. Opel setzte dann aber doch noch eine völlig neue Fabrik auf die grüne Wiese – für rund eine Milliarde Mark.

Das alte Firmengelände hatte damit definitiv ausgedient. Etliche Bauten wurden abgerissen oder von anderen Unternehmen genutzt. Die verbliebenen Bauten haben Symbol-Wirkung, allen

Blick ins Museum: Dieser Wartburg-Motorwagen
dokumentiert den Beginn des Automobilbaus im 19. Jahrhundert.
Foto: Alexander Volkmann

Ein seltenes Vergnügen genießt eine Besucherin des Museums. Sie sitzt in einem Wartburg 313-1 Sportcoupé aus dem Jahr 1958. Foto: Marco Kneise

voran das Torhaus. Es erinnert Generationen von Thüringern an ihre ureigene Lebensgeschichte. So mancher begann hier mit der Lehre. Tausende bauten Autos, auf die man zu DDR-Zeiten als Kaufinteressent viele Jahre warten musste.

Das Torhaus wurde 1946 errichtet. Es ist ein zweigeschossiger Mauerwerksbau mit Flachdach, Durchfahrt und abgerundeten Ecken. Seine Architektur folgt Vorbildern, die für die Bayerischen Motorenwerke in München entstanden sind. In diesem Stil wurde um 1930 gebaut.

Der sogenannte Produktionsgeschossbau O1 zeigt alle Merkmale des konjunkturbegünstigten, rationalisierten und äußerst effizienten Bauens. Der Bau ist mit Lichthof, Aufzügen, vorgesetzten Treppentürmen und sichtbarem Stahlskelett ausgestattet. Seine ausgewogene Gestaltung bezeugt einen hohen formalen Standard.

Das einstige Verwaltungsgebäude O2 beherbergt das anno 2005 eröffnete Automobilmuseum „Automobile Welt Eisenach“. Das Museum zeigt Fahrzeuge aus allen Produktionsepochen, dazu gehören ein Wartburg-Motorwagen von 1899 sowie ein Rennsportwagen aus dem Jahr 1956. Ursprünglich war das Gebäude mit hohen Räumen, großen Fensterbändern und ohne Fahrstuhl errichtet worden. Um einen Museumsbetrieb gewährleisten zu können, wurde es umgebaut – inklusive Fahrstuhl und breiter Türen, durch die nun auch Oldtimer passen.

Die einstige Ostkantine symbolisiert eine wichtige sozialpolitische Etappe in der Werksentwicklung. Der Innenraum ist großzügig konzipiert und mit damals BMW-spezifischen Intarsien ausgestattet. Die Ostkantine war lange Jahre in einem sehr schlechten Zustand. Sie wurde saniert und wird für Veranstaltungen genutzt.

„DAS TORHAUS SYMBOLISIERT DAS AWE“

Drei Fragen an Matthias Doht, den Vorsitzenden der Stiftung „Automobile Welt Eisenach“

Matthias Doht ist Geschäftsführer der AWE-Stiftung – und stolz darauf, dass das Torhaus des einstigen Automobilwerks erhalten geblieben ist. Foto: Marco Kneise

Ein Spaziergang durch Eisenachs automobile Geschichte. Wo in der Stadt würden Sie beginnen?
Ganz klassisch in der Friedrich-Naumann-Straße am ehemaligen Haupttor des alten Automobilwerkes. Auch wenn fast 80 Prozent des ehemaligen Fabrikgeländes mitten in der Stadt abgerissen sind, ist doch das Torhaus symbolisch für das Automobilwerk Eisenach, wie es offiziell bis zur Betriebsschließung am 21. April 1991 hieß. Heute ist es ein ausgewiesenes Einzeldenkmal und beherbergt den Sitz der Stiftung sowie einen Bürgerraum, der für Veranstaltungen und Feierlichkeiten zur Verfügung steht.

Existieren noch Originaldokumente?
Zum Automobilmuseum gehört das Archiv. Hier gibt es eine unzählige Fülle von Originaldokumenten von der Gründungszeit 1896 bis zur Werksschließung 1991, sowohl als Text, Bild, Film als auch Zeichnung. Dazu gehört das komplette BMW-Archiv von 1928 bis 1945. Von dieser Zeit an, über die lange Wartburg-Ära, sind auch noch fast alle Originalzeichnungen in Tusche auf Transparent erhalten.

Wer sorgt sich um dieses Erbe?
Die Stiftung „Automobile Welt Eisenach“ betreibt seit 2014 das Automobilmuseum in eigener Trägerschaft und finanzieller Verantwortung.

SERVICE

Das Automobilmuseum befindet sich in der Friedrich-Naumann-Straße 10 in Eisenach.

ÖFFNUNGSZEITEN
April bis Oktober,
Dienstag bis Sonntag von
10 Uhr bis 18 Uhr
November bis März,
Dienstag bis Sonntag von
11 Uhr bis 17 Uhr.

INFOS
www.awe-stiftung.de

EINE BRAUEREI WIRD ZUR HERBERGE

Die ehemalige Aktienbrauerei in Eisenach sucht ihre Zukunft in der touristischen Nutzung

Bier schmeckt den Eisenachern schon seit dem Mittelalter. In dieser Zeit jedenfalls erhielten viele deutsche Städte ihre Brauprivilegien. In Eisenach geschah das um das Jahr 1283. Zwischenzeitlich besaßen 244 Baustätten das Recht, im Stadtgebiet Bier herzustellen. Größere Brauereien nahmen erst im 19. Jahrhundert die Arbeit auf.

Im Jahr 1826 beschloss man, einen Felsenkeller für die Bierlagerung in den heutigen Pflugensberg zu schlagen. Er wurde nach zweijähriger Bauzeit fertiggestellt. Einige Jahre später kamen ein Malzhaus und weitere Brauereigebäude dazu.

1874 gründeten die Eisenacher einen Brauverein. Das Ergebnis: Ihre Brauerei hieß von nun an Vereinsbrauerei. Doch schon kurze Zeit später wandelte die Brauerschaft die Firma in eine Aktiengesellschaft um. Der neue Name: „Aktien-Brauerei Eisenach".

Herzstück der Brauerei ist das 1908 errichtete Sudhaus. Seine zentrale Stellung im Betriebsab-

Das Sudhaus öffnet sich mit einem großen Rundfenster hin zur Wartburgallee. Bei dem Fachwerkgebäude handelt es sich um das alte Malzhaus, links ist das einstige Verwaltungsgebäude zu sehen. Foto: Marco Kneise

In einem Teil der Brauerei lässt Eigentümer Lutz Hoch einen Klettergarten und ein Hostel errichten. Hier steht er im Sudhaus. Foto: Marco Kneise

SERVICE

Das Brauerei-Gelände befindet sich in der Wartburgallee 25 a in Eisenach. Das Hostel soll im Herbst 2018 eröffnen.

lauf ist durch ein großes, fast gebäudehohes Rundbogenfenster und ein kuppelähnliches Schieferdach hervorgehoben. Im Sudhaus blieben Teile der Erstausstattung erhalten, etwa das Viergeräte-Sudwerk der Firma Schaefer & Langen (Krefeld). Die Wände sind wie eh und je mit Prägefliesen (Villeroy und Boch) verkleidet.

Nach 1945 erfolgte die Überführung in Volkseigentum. Der Betrieb ging 1969 in das Getränkekombinat Erfurt über, wo man in Arbeitsteilung ganz Thüringen mit Bier und alkoholfreien Getränken zu versorgen hatte.

Die Eisenacher Brauerei stieß schon in den 50er Jahren an ihre Kapazitätsgrenzen, Anfang der 60er begannen deshalb Ausbau- und Umbaumaßnahmen. So wurden neue Stahlgärtanks aufgestellt. Da sich die Mangelwirtschaft der DDR auch in diesem Industriezweig auswirkte, hieß es aber oft genug: Reparieren statt ersetzen. In den 70er und 80er Jahren hatte die Eisenacher Brauerei mit Qualitätsproblemen zu kämpfen. Und das hatte seine Gründe, etwa in der zu geringen Dampferzeugung im völlig überalterten Heizhaus.

Nach der Wende hatte die Brauerei arg zu kämpfen. Von 1989 bis 1991 ging der Absatz auf sage und schreibe 15 Prozent zurück.

Seit 2006 wird Eisenacher Bier nicht mehr in Eisenach gebraut. Heute ist die ehemalige Aktienbrauerei ein Kulturdenkmal. Im Jahr 2017 begannen umfängliche Umbaumaßnahmen. Der einstige Verwaltungssitz soll zum Hostel mit 80 Betten umgebaut werden. Auch ein Kletterpark ist im Entstehen.

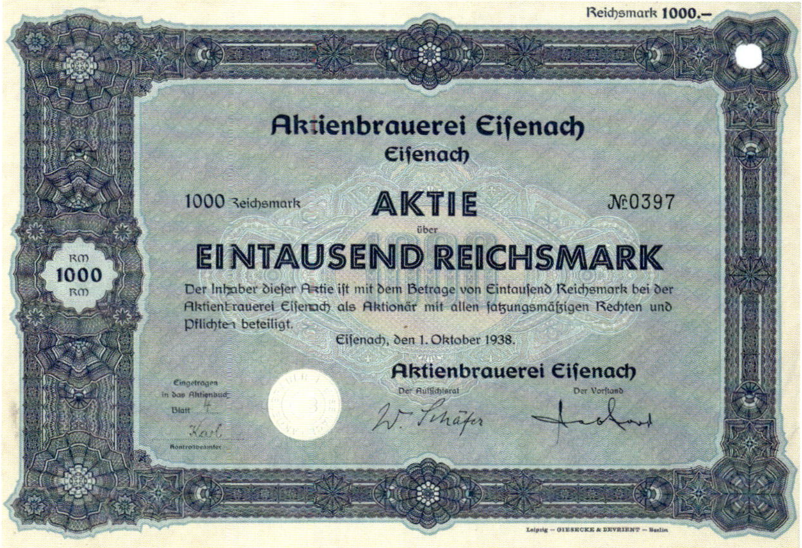
Reichsmark 1000.–

Aktienbrauerei Eisenach
Eisenach

1000 Reichsmark AKTIE №0397
über
EINTAUSEND REICHSMARK

RM 1000 RM

Der Inhaber dieser Aktie ist mit dem Betrage von Eintausend Reichsmark bei der Aktienbrauerei Eisenach als Aktionär mit allen satzungsmäßigen Rechten und Pflichten beteiligt.

Eisenach, den 1. Oktober 1938.

Aktienbrauerei Eisenach
Der Aufsichtsrat W. Schäfer
Der Vorstand

Eingetragen in das Aktienbuch Blatt 4
Kontrollbeamter

Leipzig – GIESECKE & DEVRIENT – Berlin

Aktien der Eisenacher Brauerei, herausgegeben 1938. Abbildung: TWA e. V

Historische Fliesen im Sudhaus. Foto: Marco Kneise

Das Ensemble der Alten Mälzerei ist einmalig im Osten Deutschlands.
Foto: Marco Kneise

BIER, KAFFEE UND JAZZ

In der Alten Mälzerei von Eisenach kann man Industriegeschichte erleben und gute Musik hören

Eigentlich fing alles mit einem Glas Bier an, später kam eine Tasse Kaffee dazu. Firmengründer Johann Adam Heintz produzierte im Eisenacher Palmental ab 1873 Braumalz für die Bierherstellung. Sein Sohn und Nachfolger Adam Heintz, gelernter Brauer und Mälzer, übernahm 1892 die Fabrik und begann in den 20er Jahren des 20. Jahrhunderts mit dem Rösten von Malzkaffee. So hatte er zwei Standbeine, denn Kaffee war zu allen Zeiten ebenso beliebt wie das kühle Blonde.

Am Ende des Zweiten Weltkrieges ruhte vorübergehend die Produktion. Aber als im April 1945 die Amerikaner in Thüringen einzogen, wurde kurzzeitig sogar Bohnenkaffee geröstet.

Ab 1949 konnte die Mälzerei wegen fehlender Zuteilung von Gerste nur noch im direkten Tausch von Gerste gegen Kaffee ihren Röstereibetrieb aufrechterhalten. 1952 wurde die Malzkaffeeröstung schließlich eingestellt.

WACHGEKÜSSTES DENKMAL

Drei Fragen an Daniel Eckenfelder vom Eisenacher Jazzclub

Reinhard Lorenz (links) und Daniel Eckenfelder prägen die Arbeit des Jazzclubs maßgeblich. Hier stehen sie im Musikarchiv. Foto: Peter Michaelis

Wie kam der Jazz in eine alte Mälzerei?
Mitte der Achtzigerjahre war der Eisenacher Jazzclub auf der Suche nach einem neuen Domizil. Möglichst ein Kellergewölbe sollte es sein. Vorher hatte der Jazzclub bereits Konzerte an unterschiedlichsten Orten veranstaltet: im Kino, in Jugendclubs, in Kulturhäusern oder im Automobilwerk. Durch den Tipp eines Denkmalschützers und Architekten wurde dann die Mälzerei gefunden.

Wie ging es weiter?
Das Denkmal wurde wachgeküsst. In tausenden Arbeitsstunden von Jazzclub-Mitgliedern wurde endlich die Möglichkeit von Konzerten und Theaterspiel geschaffen. Nach der Wende stellten wir 1993 unser neues Nutzungskonzept vor. Es bestand im Kern darin, Kultur zu gestalten und letztlich auch künstlerische Arbeitsplätze zu schaffen. Mit Erfolg: Seitdem gibt es einen regelmäßigen Konzert- und Veranstaltungsbetrieb.

Woher kommt das Geld für die vielen Projekte?
Anfang der Neunziger gab es eine Anschubfinanzierung durch das Thüringer Ministerium für Kultur. Es floss in Baumaßnahmen, die den Theaterbetrieb ermöglichten. Dann kam es zur Trockenlegung des Gebäudes durch städtische Mittel. Der Aufbau des Archivs und der Ausbau des Kellers werden nahezu ausschließlich durch Spenden und private Gelder finanziert. Der Veranstaltungsbetrieb lebt natürlich auch von den Eintrittsgeldern.

Auch dieser Kugelröster hat in der einstigen Fabrik die Zeitläufe überdauert. Foto: Marco Kneise

Das alte Firmenschild erinnert auch mit dem Verweis auf das Gründungsjahr an die guten alten Zeiten. Foto: Marco Kneise

In der DDR diente insbesondere der große Gewölbekeller als gewöhnliches Obst- und Gemüselager. Lange Jahre stand der Betrieb still. Der Fabrik erging es wie Wohnhäusern in der Altstadt: Aus Kostengründen wurde so gut wie nichts verändert. Schließlich überließ die Urenkelin des Gründers im Jahre 1988 das Firmengelände im ursprünglichen Zustand der Stadt Eisenach. Der Gesamtkomplex gilt als einzigartiges Ensemble im Osten Deutschlands. Er besteht aus Fabrikantenwohnhaus, Speicher und Fabrikgebäude einschließlich der fast kompletten technischen Ausstattung. Schon bald konnte der bereits 1959 gegründete Eisenacher Jazzclub hier einziehen. Außerdem beherbergt die Alte Mälzerei ein internationales Jazzarchiv, welches „Lippmann+Rau-Musikarchiv" heißt.

SERVICE

Die Alte Mälzerei befindet sich im Palmental 1 in Eisenach. Sie ist regelmäßiger Veranstaltungsort für Konzerte. Das Musikarchiv steht Besuchern nach Voranmeldung offen.

INFOS

Telefon (03691) 67 04 10

30 000 UHREN AM TAG

Seit fast 150 Jahren werden in Ruhla Zeitmesser gebaut. Die Erfolgsgeschichte begann mit einer preiswerten Taschenuhr für Amerika

Die Erfolgsgeschichte der Ruhlaer Uhren begann in den 1880er Jahren. Damals entstand die erste Uhr in Großserie – die Taschenuhr „Fearless" (englisch für furchtlos).

Das wahre Erfolgsmodell aus Ruhla trägt einen weniger prosaischen Namen: Kaliber 24. So heißt jenes Uhrwerk, welches zu DDR-Zeiten mehr als 120 Millionen Mal in Armbanduhren aus Ruhla eingesetzt worden ist.

Alles aber nahm seinen Anfang mit der Metallgewinnung und -verarbeitung. Beides betrieb man in dieser Region schon im 11. Jahrhundert. Vor Ort wurde das Erz verhüttet, die nötigen Brennstoffe lieferte der Wald. Waffen und Rüstungen entstanden. Als die Ritterzeit zu Ende ging, stellten sich die Ruhlaer auf die Messerherstellung um. Später produzierte man Pfeifenbeschläge.

Daraus entwickelte sich ab Mitte des 19. Jahrhunderts eine Massenproduktion kleinerer Metallwaren. Am wichtigsten aber wurden die Uhren.

Den Grundstein für die eigentliche Uhrentradition legten die Gebrüder Georg und Christian Thiel 1862. Sie fingen mit einem Startkapital von 2452 Talern und in einer kleinen Hütte an. Zu-

Das Hauptgebäude des heutigen Uhrenwerks besticht mit seiner sachlichen Architektur.
Foto: Sascha Willms

GARDÈ Uhren
uhrenmuseum
EDV- und Büro-
Service GbR
PRIMUS

Der Alexanderturm besteht aus Stahl. Foto: Dirk Bernkopf

THÜRINGENS EIFFELTURM

In Ruhla schrieb nicht nur das Uhrenwerk erlebenswerte Industriegeschichte

Neben dem Uhrenwerk lohnt in Ruhla der Besuch bei weiteren mit der Industriegeschichte verbundenen Ausflugszielen.

Der Carl-Alexander-Turm ist ein eiserner Aussichtsturm auf dem Ringberg. Bis zur Aussichtsplattform sind 111 Stufen zu erklimmen. Doch der Aufstieg lohnt: Oben steht man über dem Höhenniveau der Wartburg. Die kann man in nordwestlicher Richtung natürlich auch sehen.

Gebaut wurde dieser Mini-Eiffelturm von der Eisenacher Fabrik für Eisenkonstruktionen des Otto Wilk. Nach nur dreimonatiger Bauzeit wurde der nach dem Großherzog Carl Alexander von Sachsen-Weimar-Eisenach benannte Turm 1897 eingeweiht.

Tipp Nummer zwei ist die Bauhaus-Siedlung in der Altensteiner Straße.

Entstanden ist dieses interessante Ensemble zwischen den Jahren 1926 und 1928. Es ist saniert und steht unter Denkmalschutz. Der Architekt Thilo Schoder zählte nach dem Ersten Weltkrieg zu den bedeutendsten Architekten des Neuen Bauens in Thüringen. Das von ihm geschaffene Ensemble beinhaltet sowohl Sozialwohnungen als auch Stadtcafé, Konsum und Spielplatz.

Tipp Nummer drei: das Tabakpfeifen-Museum.

Es erinnert an das alte Gewerbe der Pfeifenschnitzerei. Aus Holz, Porzellan und dem Mineral Meerschaum entstanden teils wahre Kunstwerke. Das Museum zeigt viele Pfeifen, originale Arbeitsplätze der Pfeifenmacher und die Werkstatt eines Porzellanmalers.

SERVICE

Der Turm steht auf dem Ringberg. Er ist ganzjährig geöffnet, kann aber nur bei guter Witterung bestiegen werden. Das Museum befindet sich im Ruhlaer Ortszentrum (Obere Lindenstraße 29).

ÖFFNUNGSZEITEN

Es öffnet von März bis November.
Dienstag und Donnerstag 14 bis 17 Uhr.
Mittwoch und Freitag 10 bis 13 Uhr.
Am Wochenende 13 bis 17 Uhr.

Die Schornsteine rauchen. Die historische Ansichtskarte von Ruhla zeigt, dass praktisch der ganze Ort in seiner Tallage von der damaligen Metallindustrie bestimmt wurde. Die Uhrenfabrik der Gebrüder Thiel setzte auf Eigenproduktion – von der Maschine bis zum fertigen Endprodukt. Abbildung: TWA e. V.

nächst waren Pfeifenbeschläge das Hauptprodukt. Auch Geldbörsen aus Metall und Schutzhüllen für Taschenuhren wurden produziert.

Nach kurzer Zeit jedenfalls wurde die Produktion erweitert und es kamen weitere Kleinmetallartikel dazu, sodass man ab 1871 auch ins Ausland lieferte. Zu dieser Zeit zählte man 80 Mitarbeiter. Im Jahre 1873 siedelte der Betrieb auf das Gelände der Reißschen Filzfabrik im Ruhlaer Grund um. Die großindustrielle Fertigung startete 1874. Ende der 1880er Jahre spezialisierte sich das Unternehmen mit der Ruhlaer Taschenuhr von 1891 auf das zukünftige Kerngeschäft, speziell auf günstige, aber dennoch zuverlässige Taschenuhren. Eine Ruhlaer Taschenuhr kostete damals drei Mark, jene der Konkurrenz oft das Doppelte. 1897 wurden bereits 4000 Uhren pro Tag hergestellt, hauptsächlich für den Export nach Amerika.

Gleichzeitig begann die Entwicklung von eigenen Spezialmaschinen und -werkzeug für die Herstellung von Uhren. Von dieser Tradition profitieren heute noch Ausgründungen des einstigen Uhrenwerkes.

Doch wie das in der Geschichte häufig war: Die größten Profite wurden im Ersten und Zweiten Weltkrieg erzielt – mit der Fertigung von Zeitzündern für Granaten.

Preiswerte Taschenuhren begründeten Ruhlas Ruhm als Uhrenstadt. Fotos: Marco Kneise

Das Gebäude des Tabakpfeifenmuseums ist rund 400 Jahre alt. Foto: Birgit Schellbach

Auch die Armbanduhr entstand eigentlich in Kriegszeiten. Weil es den Soldaten zu umständlich war, im Kampf die Taschenuhr herauszuziehen, wurde die Armbanduhr entwickelt. Diese entstand in Ruhla ganz einfach aus einer quer gedrehten Taschenuhr, die mit zwei Bändern versehen war.

Nach der Besetzung Ruhlas am 8. April 1945 durch US-amerikanische Truppen wurde die Arbeit eingestellt und die gesamte Belegschaft entlassen. Im Juli 1945, nach der Übergabe der Besatzungshoheit an die Sowjets, nahmen die Ruhlaer die Produktion wieder auf. Am 1. Mai 1952 wurde das Unternehmen auf Beschluss der Regierung der UdSSR verstaatlicht.

Weiterhin lag das Augenmerk auf einer großserientauglichen Produktion. Die einfacheren Uhrwerke blieben in Ruhla, die edleren, mit Steinlagern bestückten Uhrwerke kamen fortan aus Glashütte. 1961 wurde mit der „Ruhla electric“ die erste elektrische Armbanduhr der DDR auf der Leipziger Messe als Eigenentwicklung vorgestellt. Das erfolgreichste Modell dieser Zeit war das Kaliber 24. Es entstand im Jahre 1963 als robustes mechanisches Stiftankeruhrwerk. Insgesamt wurden von diesem Uhrwerk rund 120 Millionen Exemplare hochgradig automatisiert gefertigt. Das bedeutete in den besten Jahren einen Ausstoß von 30 000 Stück am Tag. Diese unglaubliche Menge wanderte in so ziemlich alle Länder der Welt. Das Kaliber 24 steckte in westdeutschen Uhren der großen Versandhäuser ebenso wie in amerikanischen oder russischen Fabrikaten.

Nach der Wende wurde das volkseigene Kombinat in mehreren Teilen privatisiert. So entstanden etwa 40 neue Unternehmen. Als einziger Uhrenhersteller in Ruhla blieb die Gardé Uhren und Feinmechanik Ruhla GmbH bestehen.

Das heute noch in der ursprünglichen Funktion genutzte Verwaltungsgebäude wurde 1929 nach Entwürfen des Architekturbüros Schreiter & Schlag erbaut. Die Architekten hatten einen guten Ruf und waren vornehmlich in Jena tätig. Dort entwarfen sie unter anderem das Zeiss-Südwerk und das Planetarium. In Ruhla besticht der sechsgeschossige Stahlbetonskelettbau mit Klinkerverkleidung noch heute mit seiner baulichen Qualität.

Er zeigt eine klare Gliederung durch horizontale Fensterbänder und vertikale Gitterstrukturen. Zudem ist vieles von der ursprünglichen Ausstattung erhalten geblieben. So begegnet der Besucher gleich beim Eingang dem legendären Schmied von Ruhla in Form eines Mosaiks. Er erinnert an die einstigen Anfänge der Industrialisierung.

So warben die Uhrenwerke in den 1960er Jahren für ihre Produkte. Abbildung: TWA e. V.

SERVICE

Das Firmengebäude von Gardé befindet sich in der Bahnhofstraße 27 in Ruhla. Hier sind auch der Werksverkauf und das Uhrenmuseum untergebracht.

▸ ÖFFNUNGSZEITEN
Montag bis Donnerstag
10 bis 16.30 Uhr,
Freitag bis 15 Uhr,
Samstag bis 14 Uhr.

Das Rathaus war einst eine Fabrik. Foto: Marco Kneise

ES WERDE LICHT

In ein Gebäude der alten Ruhlaer Metallfabrik zog das Rathaus ein

In Ruhla geschah etwas wohl Einmaliges: Aus einer alten Metallfabrik wurde ein Rathaus. Der Klinkerbau wurde 1996 saniert und seiner neuen Bestimmung zugeführt.

Am Anfang stand der Handwerker Christian Bardenheuer. Er heiratete 1841 die Witwe seines einstigen Meisters. Damit konnte er dessen Metall-Werkstatt übernehmen und sie Stück für Stück zu einer Fabrik mit Maschinenbetrieb ausbauen. Er erwarb das Gelände des letzten Ruhlaer Hammerwerkes, das seit dem späten 16. Jahrhundert produziert hatte. An gleicher Stelle entstand der erste Neubau für eine Metallwarenfabrik in Ruhla. Auf die Jahre 1887/88 geht der heute noch zu bewundernde Fabrik- und Verwaltungsbau zurück. Bei einem erneuten Umbau nach 1911 erhielt das Gebäude an der Hofseite zwei sichtbar eingefügte Balken mit den Jahreszahlen 1599 für den Eisenhammer und 1854 für den ersten Fabrikbau.

Um 1893 berichtete man von der Fabrik namens Thiel & Bardenheuer, dass sie um die 250 Arbeiter beschäftige. Zu Zeiten der Industrialisierung setzten die Ruhlaer auf die Herstellung von Lampenbrennern. Diese Herzstücke von Petroleum-Lampen waren in aller Welt gefragt. Übers Jahr kamen beinahe fünf Millionen Brenner aus Ruhla.

Die Metallwarenfabrik bestand bis 1951 als Privat- und ab 1952 als volkseigener Betrieb. In den Neunzigern wurde die Firma stillgelegt. Dann erhielten Teile der Fabrik den Denkmalstatus. Auf dem ehemaligen Fabrikgelände entstand unter Einbeziehung der Denkmal-Gebäude ein Lebensmittel-Markt und es zog das Rathaus ein.

SERVICE

Das heutige Rathaus befindet sich in der Carl-Gareis-Straße von Ruhla.

Spatz
TVT

BIGGIS HEIMAT

Die Region um Waltershausen war über 175 Jahre ein Zentrum der Spielzeugindustrie. Doch nur wenige Betriebe überlebten die DDR-Zeit

Kennen Sie Biggi aus Waltershausen? Männer werden mit dem Kopf schütteln. Doch nahezu jede Thüringerin, die noch zu DDR-Zeiten geboren wurde, dürfte irgendwann einmal mit dieser Puppe gespielt haben.

Doch die Geschichte der Puppenindustrie Waltershausens ist weit älter. Nicht umsonst führt eine eigene historische Spielzeugstraße von Nürnberg über Coburg und Sonneberg direkt ins Gothaer Land. Hier entstand einst all das, was Kinderherzen höher schlagen lässt: Puppen, Schaukelpferde, Felltiere, Holzspielzeug, Puppenmöbel und -geschirr, Wollspielzeug sowie Gummibälle. Aber auch Kinderuhren, Zinnspielwaren, Masken und Scherzartikel. Waltershausen selbst war das Zentrum der Puppenherstellung und Ohrdruf stand für Schaukelpferde.

Die Gegend um Waltershausen und die anderen Thüringer Walddörfer waren seit jeher durch außerordentliche Armut der Bewohner charakterisiert. Diese wurde noch größer, als die Heimarbeiter ihre Webwaren zuerst im Zuge der französischen Kontinentalsperre und dann nach 1815 durch die auf den deutschen Markt drängenden billigeren englischen Stoffe und die preußische Zollpolitik nicht mehr absetzen konnten.

In die einstige Puppenfabrik „Kämmer & Reinhardt“ ist inzwischen ein alternatives Wohnprojekt eingezogen, die KoWa. Foto: Marco Kneise

Puppen aus Waltershausen begeistern seit vielen Generationen nicht nur Kinder sondern ebenso auch Sammler. Fotos: Daniel Volkmann

Das Innenleben einer sprechenden Puppe aus Waltershausen. Foto: Daniel Volkmann

Ein riesiges Reservoir an Arbeitskräften wartete. Die Menschen waren bereit, für niedrigste Löhne zu arbeiten. Was blieb ihnen auch anderes übrig. Das konnte die entstehende Spielzeugindustrie für sich ausnutzen. Sie beschäftigte dabei zu einem großen Teil Heimarbeiter.

Mit Papiermaché-Puppen fing in Waltershausen alles an. Johann Daniel Kestner begann spätestens 1815 mit einer bescheidenen Puppenproduktion. Er handelte schon seit der Zeit der französischen Besatzung mit den verschiedensten Dingen des täglichen Bedarfs und unterhielt 1815 bereits Geschäftsbeziehungen nach England und den Niederlanden.

Dorthin lieferte er in jenen Jahren erstmals nachweisbar Papiermaché-Puppenköpfe und Puppenkörper aus weißem Leder. Während er die kleinen Köpfe in seiner eigenen Firma herstellte, wurden die Puppenkörper von Heimarbeitern genäht. Über die Jahre entwickelte sich aus diesen

Die Puppenausstellung ist im Schloss Tenneberg beheimatet. Foto: Peter Michaelis

bescheidenen Anfängen eine große Puppenfabrik. Kestner war aber bei Weitem nicht der Einzige. Im Jahr 1885 gründeten der Modelleur Ernst Kämmer und der Kaufmann Franz Reinhardt eine Puppenfabrik. Sie wurde unter den 13 Puppenfabriken in Waltershausen und Umgebung zur größten und leistungsstärksten.

Bereits um 1890 brachte die Firma die ersten sprechenden Puppen auf den Markt. Um 1909 gingen Charakterpuppen in Produktion, die rasch den Weltmarkt eroberten. Im Jahr 1910 entstanden die bekannten Puppen Hans und Gretchen. In jener Zeit beschäftigte das Unternehmen 160 Fabrik- und 200 Heimarbeiter.

Im Auf und Ab ging es bis in die Zeit der DDR hinein. Die zahlreichen volkseigenen Puppenfabriken der Stadt Waltershausen vereinigte man schließlich in einem volkseigenen Betrieb mit dem gemeinsamen Firmenzeichen „biggi“. Ab 1976 hieß er VEB Puppenfabrik biggi Waltershausen.

Die Puppenproduktion konnte Mitte der 80er Jahre dank Rekonstruktion und Rationalisierung enorm erhöht werden. Jetzt stellte der VEB am Fließband alle acht Sekunden eine Puppe her.

Trotz langer Tradition, des guten Rufes sowie des florierenden Exports waren die Verluste beim Übergang in die Marktwirtschaft enorm. Die biggi Spielwaren GmbH hatte keinen Bestand. Das Aus für die Fertigung ließ nicht lange auf sich warten. Ins historische Gebäude der einstigen Puppenfabrik von Kämmer und Reinhardt zog ein für Industriegebäude wohl seltener Mieter ein: eine Wohnkommune.

Das Gebäude von 1902 ist weitgehend original erhalten. Es ist ein dreigeschossiger, mehrflügeliger roter Klinkerbau. Reste von schmiedeeisernen Türgittern sind noch zu sehen. Es ist sogar noch die originale Inschrift aus Zeiten der Firmengründung erhalten. Der Spruch lautet: „Für Kinder ist das Beste gut genug. Vorwärts immer, rückwärts nimmer.“

SERVICE

Im Waltershäuser Schloss Tenneberg ist eine Puppenausstellung zu sehen.

▸ ÖFFNUNGSZEITEN

Geöffnet ist von Mittwoch bis Sonntag von 10 Uhr – 17 Uhr. Von November bis März wird bereits 16 Uhr geschlossen. Im Januar ist immer geschlossen.

Das historische Fabrikgebäude steht in der August-Bebel-Straße in Waltershausen. Die Kommune KoWa lädt immer wieder zu öffentlichen Aktionen aufs Firmengelände ein.

▸ INFOS

www.kommune-kowa.de

FRISCHES NASS AUS DEM WALD FÜR GOTHA

Seit mehr als 650 Jahren versorgt der von Bauern in Fronarbeit angelegte Leinakanal vom Thüringer Wald aus Gotha

Der Leinakanal – was ist das? So werden sicher viele Thüringer fragen, wenn sie das erste Mal von jenem Kanal erfahren, der Gotha seit vielen Jahrhunderten mit Wasser versorgt. Dabei verfügt Thüringen mit dem 29 Kilometer langen Leinakanal über eine historisch, landschaftlich und technisch interessante Wasserader.

Startpunkt ist der kleine Ort Schönau vor dem Walde, wo die wilde Leina einfach angezapft und zum Teil in den Kanal umgeleitet wird.

Doch ganz so einfach ist die Geschichte nicht. Viele der Details über den Kanal, dessen erste Ausbaustufe schon im Jahre 1369 vollendet und dann in Etappen erweitert wurde, sind im Nebel der Jahrhunderte verschwunden. Wer also genau nach welchen technischen Plänen diese kleine künstliche Wasserstraße angelegt hat, dazu gibt es wenige historische Dokumente und somit viele Fragezeichen.

Die Sundhäuser Mühle liegt am Leinakanal. Sie ist seit 1372 nachgewiesen, das eigentliche Datum des Mühlenbaus ist unbekannt. Im Jahre 1993 waren die Mühlengebäude nur noch Ruinen. Die neuen Eigentümer haben auf dem Grundstück ein Wohnhaus gebaut. Fotos: Marco Kneise

Horst-Dieter Ritz.
Foto: Marco Kneise

„VOR DEM BRAUEN KAMEN DIE BIERRUFER“

Drei Fragen an Horst-Dieter Ritz vom Freundeskreis Leinakanal e. V.

Ein Kanal versorgte Gotha im Mittelalter mit Wasser. Wie funktionierte das?
Ziemlich unkompliziert. Der Hauptlauf wurde in viele kleine Rinnsale aufgespalten und an den Häusern vorbei geleitet. Die Leute entnahmen einfach das Wasser vor ihrer Tür. Zur Wahrheit gehört aber, dass sie auch ihre Abfälle zurückwarfen. Auf die Weise entstanden auch die Bierrufer. Jeweils zwei Tage vor dem Brauen zogen sie durch die Straßen und sorgten dafür, dass eine kurze Zeit keiner mehr seinen Dreck im Wasser entsorgen konnte.

Was bringt der Kanal heutzutage, wo doch Gotha das Wasser aus umliegenden Talsperren bezieht?
Natürlich klappern die einst schätzungsweise 20 Mühlen an der Strecke nicht mehr. Die Emlebener und die Sundhäuser Mühlen funktionieren noch. Wanderungen dorthin lohnen sich. Noch heute aber füllt der Leinakanal die Gothaer Parkteiche und betreibt die Wasserkunst unterhalb des Schlosses.

Wer sorgt dafür, dass der Kanal nicht mit Unkraut zuwächst?
Im Mittelalter war das klar geregelt. Da gab es Wasservögte, die für Ordnung und Sauberkeit zu sorgen hatten. Am Ende mussten Gehilfen für wenig Geld sowie Bauern die Arbeiten erledigen. Heute sind die Kommunen zuständig, es gibt aber auch ehrenamtliche Einsätze. Letztlich kostet es viel Geld, den Wasserlauf zu säubern sowie Wehre und Brücken zu erhalten.

SERVICE

Der Verein stellt sich im Internet vor unter www.leinakanal-gotha.de

Die sogenannte Wasserkunst bildet oberhalb des Gothaer Marktes den kunstvollen Abschluss des Leinakanals. Foto: Peter Riecke

Der Leinakanal verläuft auch
durch den Gothaer Schlosspark.
Foto: Dirk Bernkopf

Nicht ohne Grund sind in manchen Schulbüchern noch heute Sagen und Geschichten zu finden, die mit der Realität im frühen Mittelalter wenig zu tun haben dürften. Beginnen wir mit der Sage vom Mönch.

Der soll mit seinem Pflug losgezogen sein, um einfach die Spur für jenen künftigen Kanal zu ziehen, den die armen Bauern dann in harter Fronarbeit anzulegen hatten.

Das ist technisch ein Ding der Unmöglichkeit. Dazu war die Strecke viel zu lang und der Verlauf am Ende viel zu präzise errechnet, als dass dies ein einzelner Mensch hätte bewerkstelligen können.

Dies sagt Horst-Dieter Ritz aus Gotha. Er ist Vorsitzender des Freundeskreises Leinakanal und sorgt gemeinsam mit seinen 30 Schlingelfreunden (so nennen sie sich selbst liebevoll) dafür, dass der Kanal nicht vergessen wird. Auch für den Experten allerdings bleiben viele Details ein Rätsel, wie solch exakte Vermessungen damals möglich waren. Studenten einer technischen Hochschule haben mit neuester Technik nachgemessen. Heraus kam: Der 29 Kilometer lange Kanal hat einen optimalen Verlauf.

Doch es gibt auch historische Fakten, die eindeutig belegt sind. Keinen Streit gibt es beispielsweise in der Frage, warum der Kanal überhaupt gebaut werden musste.

Gotha ist eine der wenigen Städte ohne eigenen größeren Fluss. Nur der kleine Bach Wiegwasser, der westlich der Stadt in der Eschleber Flur entspringt und nach Norden in die Nesse abfließt, tangierte das mittelalterliche Gotha. Gelegen an der einstigen Handelsstraße Via Regia, wuchs Gotha und benötigte einfach mehr Brauch- und Trinkwasser, sagt Ritz.

Also wurden der Leinakanal und die Wallgräben in Gotha bis 1369 auf Befehl des damaligen Landgrafen Balthasar angelegt, um dem Wassermangel entgegenzuwirken. Federführend soll dabei Werkmeister Conradus aus Gotha gewesen sein.

Der Kanal versorgte die Stadt aber nicht nur mit Trinkwasser, er transportierte auch Holz aus den Wäldern und trieb die Wassermühlen an der Strecke an. Der Leinakanal setzt sich insgesamt aus drei Gewässerabschnitten zusammen:

- dem Kleinen Leinakanal, der am Hang des Langen Berges im Thüringer Wald entspringt
- dem Flößgraben, der aus dem Wasser der Apfelstädt oberhalb Georgenthals abgezweigt wird
- Beide vereinigen sich in Emleben zum eigentlichen Leinakanal, der am Ende nach Gotha fließt.

Das ganze Projekt wurde natürlich nicht in einem Stück, sondern etappenweise gebaut. Erst 1653 erfolgte unter Herzog Ernst dem Frommen der Bau des Flößgrabens zur verbesserten Wasserführung, 1710 kam dann ein weiterer Ausbau hinzu.

In Gotha selbst wusste man den Leinakanal zu allen Zeiten besonders zu schätzen. Das ist auch dem Wappen des Kreises anzumerken. So steht das herzogliche Schloss Friedenstein mit den markanten unterschiedlichen Türmen als Symbol für das Gothaer Land. Der silberne Wellenbalken symbolisiert den künstlich angelegten Leinakanal. Der Stern im Wappen wiederum ist dem Thüringer Landeswappen entlehnt und dokumentiert die Zugehörigkeit des ehemaligen Herzogtums und jetzigen Landkreises Gotha zum Freistaat Thüringen. Entlang des Kanals entwickelten sich zahlreiche Mühlenstandorte, die teilweise heute noch erhalten sind. Aber es entstanden auch technisch und künstlerisch besonders wertvolle Bauten, die den heutigen Status eines Industriedenkmales mehr als rechtfertigen. An der Spitze stehen hier das Aquädukt bei Sundhausen und die Wasserkunst Gotha. Dazu gehören in Gotha aber auch der Lustkanal, der kleine und der große Parkteich, dazu allerlei Grotten, Brunnen und Wasserspiele in der Orangerie.

Es lohnt sich auf jeden Fall, den Spuren des Kanals zu folgen.

SERVICE

Der Kanal ist über weite Strecken frei zugänglich. Dies gilt natürlich auch für den Schlosspark und die Wasserkunst.

WIE BEI DEN ALTEN RÖMERN

Bei Sundhausen fließt der Leinakanal über ein Aquädukt

Das Aquädukt bei Sundhausen ist auch im Winter herrlich anzuschauen. Foto: Dirk Bernkopf

Eine von Ziegelsteinen bekrönte Betonwanne sorgt dafür, dass das Aquädukt dicht hält. Foto: Marco Kneise

Seit rund 170 Jahren gehört eine wasserführende Brücke zum System des Leinakanals. Das Aquädukt befindet sich bei Leina/Sundhausen. Es wurde während des Baus der Bahnstrecke Gotha-Eisenach in den Jahren 1845 bis 1847 errichtet. Ziel war es, Bahnstrecke und Kanal ohne Beeinträchtigung über Kreuz zu führen.

Mit Genehmigung des Gesamtprojektes der Thüringer Eisenbahn von Apolda nach Gerstungen durch das Preußische Ministerium waren auch die Weichen für die Errichtung dieser Kanalbrücke gestellt. Damit griffen die Konstrukteure letztlich römische Vorbilder auf.

Geografisch exakt wurde der Leinakanal am Kilometer 141,923 der Bahnstrecke überführt. Diese genaue Position ergab sich nach der durchgehenden Vermessung für die Linienführung von Halle bis Guntershausen (Nordhessen).

Der vorherige Verlauf des Kanalbettes befand sich etwa 200 Meter spitzwinklig zur heutigen Querung. Es entstand eine mehrteilige Gewölbebrücke, auf der eine Betonwanne für das Wasser aufgebracht wurde. Als Baustoffe wurden in der Hauptsache Kalksteine aus einem Bruch bei Teutleben verarbeitet. Für filigrane Bauteile kam Sandstein vom Seeberg zum Einsatz.

1994 fuhr letztmals ein regulärer Zug durch das Aquädukt. Die Bahn hatte eine neue Strecke weiter nördlich fertiggestellt, die modernen Anforderungen an den ICE-Betrieb entspricht. Die Strecke unterhalb des Aquädukts wurde zurückgebaut.

GUTER RUF UND GAMMELFLEISCH

Das Gothaer Schlachthaus entstand 1890 als Folge eines Skandals. Das Industriedenkmal dient mittlerweile als Einkaufszentrum

Die berühmte Thüringer Wurst – wo eigentlich kommt sie ursprünglich her? Diese Frage lässt sich nicht exakt beantworten, da die würzigen Knacker, Leberwürste oder Sülzen in vielen kleinen Dörfern ihren eigentlichen Ursprung haben.

Ganz anders ist es um die industrielle Herstellung bestellt. Hier hat Gotha gute Chancen, als einer der Ursprungsorte in die Geschichte einzugehen. Wahrscheinlich hatte die berühmte Thüringer Wurst ihre deutschlandweite Bekanntheit durch die schon im 19. Jahrhundert über die Thüringer Grenzen hinaus begehrte Gothaer Wurst erlangt.

Die kam übrigens aus Gotha und Waltershausen. Aus Fleischereien entstanden in der ersten Hälfte des 19. Jahrhunderts erste Wurstfabriken, zum Beispiel die von Heinrich Auerbach. Seine bekannteste Sorte war die Zervelatwurst. Das Rezept stammte von einem anderen Gothaer Metzgermeister, einem Mann namens Bufleb.

1878 arbeiteten einige Hersteller mit unlauteren Mitteln: Die hier fabrizierte Zervelatwurst färbte man mit Anilin und sogar ein verendetes Schwein wurde bei der Wurstverarbeitung verwendet.

Schon damals stürzte sich die Presse auf die Übeltäter. Zu Recht. Natürlich trafen die Reaktionen seitens der Verbraucher nicht nur die Wurstpanscher, sondern alle Gothaer Lieferanten! Der Rückschlag war also vorprogrammiert.

Doch glücklicherweise gelang es den Gothaern, das Vertrauen der Käufer wiederzugewinnen. Selbstanzeige, Strafverfolgung, öffentliche Erklärungen und letztlich die Einführung einer strengen Kontrolle waren Schritte in die richtige Richtung.

Der Ruf nach städtischen Schlachthäusern, den einzigen Orten, wo eine wirkliche Kontrolle möglich war, wurde nun laut. Tatsächlich errichtete Gotha dann 1890/91 das Städtische Schlachthaus am südwestlichen Stadtrand. Es wurde im neugotischen Stil nach Entwürfen von Conrad Schaller errichtet.

Das Industriedenkmal wurde vor einigen Jahren saniert und dient heute als Einkaufszentrum. Auch Konzerte und Kleinkunst finden hier statt.

Der ehemalige Schlachthof in Gotha beeindruckt durch seinen neugotischen Stil. Foto: Marco Kneise

SERVICE

Der einstige Schlachthof befindet sich in der Parkstraße von Gotha. Er ist während der Öffnungszeiten der Geschäfte frei zugänglich.

E R T H E S F

Madlen Kästner und Carolin Goscimski haben als Praktikantinnen die Wiedereröffnung des Perthesforums begleitet. Vom Umbau des ehemaligen Verlagsgebäudes und der Kunst am Bau sind sie begeistert.
Foto: Peter Michaelis

DIE HAUPTSTADT DER KARTOGRAPHEN

1785 begründete Justus Perthes in Gotha seinen eigenen Verlag. Mit seinen Landkarten dokumentierte er eindrucksvoll die Entdeckungsreisen seiner Zeit, ob nach Australien, Afrika oder in die Polargebiete

Landkarten faszinierten schon immer. Spätestens mit den ersten Weltumseglungen waren präzise Abbildungen der Länder, Meere und Kontinente zweierlei zugleich: geografische Orientierung und edles Kunstwerk.

Für beides zusammen waren die Menschen zu allen Zeiten bereit, sehr viel Geld auf den Tisch zu legen. Mit der Zeit wurden die Zeichnungen immer präziser und professioneller.

Ein Name steht in Thüringen für die Kunst der Karten und deren Vermarktung: Justus Perthes.

1785 begründete der aus Rudolstadt stammende Justus Perthes (1749–1816) in Gotha seinen Verlag. Dabei hatte sein Schaffen in der damaligen Residenzstadt bereits 1778 begonnen. Justus Perthes beteiligte sich zu 25 Prozent an der Handlungs-Societät des Gothaer Verlagsbuchhändlers Carl Wilhelm Ettinger. Die Hofbuchhandlung Ettinger verlegte verschiedene Zeitschriften und den Hofkalender. Neben Perthes gehörte auch Johann Friedrich Dürfeldt zu ebenfalls 25 Prozent zu dieser auf vorerst zehn Jahre befristeten Unternehmung.

Sven Ballenthin.
Foto: Dirk Bernkopf

„EINZIGARTIG AUF DER WELT“

Drei Fragen an Sven Ballenthin, Betreuer der Sammlung Perthes an der Forschungsbibliothek Gotha

Was ist so schön an alten Karten?
Zum einen sind es Momentaufnahmen des zeitgenössischen Wissens und zum anderen kleine ästhetische Meisterwerke, die Wissenschaft, Handwerk und graphische Künste miteinander verbinden. Sie machen einen alten Atlas nicht nur zu einem Studienobjekt, sondern auch zu einem Prestigeobjekt.

Sie sind der Herr über den Nachlass des Perthes-Imperiums. Was gibt es als Erbe zu verwalten?
Wir sprechen von 120 000 Büchern, 185 000 Blatt an Karten aus der ganzen Welt sowie dem Firmenarchiv. Letzteres nimmt noch einmal 800 laufende Meter an Akten ein.

Warum gilt die Sammlung als einzigartig?
Nirgendwo anders auf der Welt kann man noch den Weg einer Landkarte vom ersten Schritt des Forschungsreisenden bis zum Verkauf verfolgen.

Die Wissenschaftlerin Petra Weigel betreut die Sammlung Perthes. Hier zeigt sie eine Karte, welche eine Forschungsreise nach Afrika von 1830/33 wiedergibt. Foto: Marco Kneise

Firmengründer Johann Georg Justus Perthes. Diese Gemälde-Kopie ist im Perthesforum ausgestellt. Das um 1800 entstandene Original wird dem Hofmaler Ernst Christian Specht zugeschrieben.

Durch die Heirat von Justus Perthes und Sabine Ernestine Dürfeldt im Jahre 1784 vereinigte Perthes auch die Anteile des ehemaligen Partners auf sich. Rein rechnerisch stand Perthes nun mit Ettinger auf gleicher Stufe. Schon im darauf folgenden Jahr teilten sie das Unternehmen auf.

Ein Vertrag regelte die künftigen Geschäftsfelder. Justus Perthes erhielt den Verlag des schon 1763 begonnenen Almanach de Gotha sowie seines deutschen Gegenstücks, des Gothaischen Hofkalenders. Dieser Vertrag war zugleich die Gründungsurkunde des neuen Verlags von Johann Georg Justus Perthes.

Sein erster „Gothaischer Hofkalender zum Nutzen und Vergnügen eingerichtet auf das Jahr 1786" war eine eher einfache Ausgabe. Sie maß ganze 103 x 61 Millimeter. Die Kalender kamen im Zeitalter der Renaissance in Mode. Sie regten mit kurzen Texten zum Nachdenken über die Zeit an, über die Grundfragen der Menschheit, den Sinn des Lebens und die Zukunft. Mit den Büchlein gingen die Gothaer auch geschickt auf manch Lebensgewohnheit ein. So fand man Seiten, auf denen man Gewinne und Verluste eintragen konnte.

Damit waren aber keinesfalls Umsätze und Einnahmen aus irgendwelchen Unternehmungen gemeint. Hier konnten die Männer über Erfolg und Misserfolg beim Kartenspiel Buch führen. Dies wiederum wurde tunlichst vor den Gattinen geheim gehalten. Das soll einer der Gründe gewesen sein, weshalb die kleinen Bücher gern versteckt wurden.

So manches Mal war den von Perthes verlegten Geschichten geografischen Charakters schon eine kleine Karte beigegeben worden. Die erste, wenn auch sehr einfache Karte erschien im Jahre 1801.

1809 kam ein umfangreicheres Kartenwerk von Johann Heinrich Gottlieb Heusinger heraus. Doch diese Edition war nicht von Erfolg gekrönt. Das hatte Ursachen. Die Darstellungen waren eher farblos und sehr nüchtern. Die heftigste Kritik kam von Adolf Stieler.

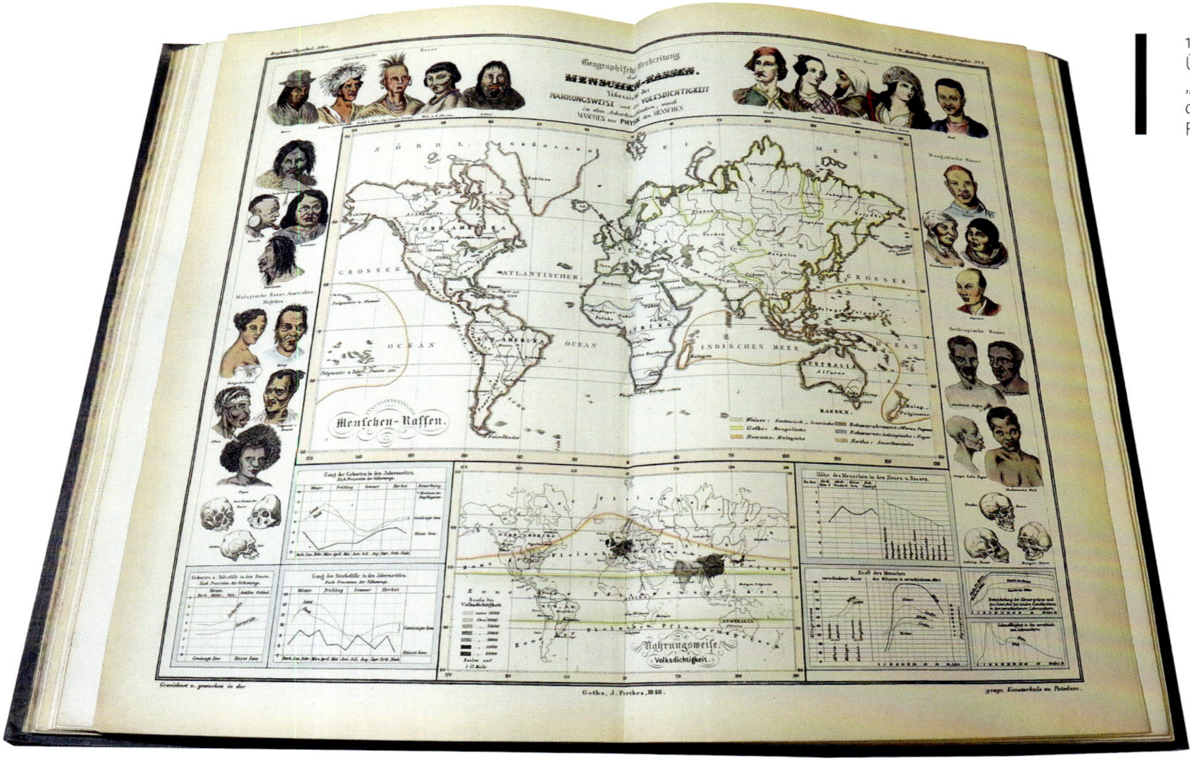

1848 erschien diese Übersicht namens „Geographische Verbreitung der Menschen-Rassen“. Foto: Alexander Volkmann

Der herzogliche Beamte hatte selbst schon Erfahrung und Fertigkeit in der Kartographie erlangt. Er schlug Perthes nach der Befreiung Thüringens von der napoleonischen Herrschaft einen eigenen umfassenden Hand-Atlas in bester Qualität und Darstellung vor.

Insgesamt wurde Stielers Hand-Atlas über 115 Jahre in 112 Ausgaben verkauft. Zahlreiche Wissenschaftler und Kartographen, Zeichner und Koloristen waren beteiligt.

Justus Perthes konnte den Erfolg des Projektes nicht mehr erleben, er starb 1816. An seinem Sohn Wilhelm war es nun, dieses Werk zu vollenden. Er nutzte die Herausgabe des Atlasses, um dem väterlichen Verlag eine ganz spezielle Richtung zu geben. Er wurde in eine geografisch-kartographische Anstalt verwandelt. Mit den Schulen erschloss sich der Perthes Verlag ein neues Betätigungsfeld und einen interessanten Kundenstamm. Die Entwicklung spezieller Schulwandkarten war ein besonderes Verdienst Emil von Sydows. Der Offizier und Geografielehrer einer Erfurter Divisionsschule gilt als Begründer der Schulkartographie. Im Jahre 1838 fertigte er die erste Schulwandkarte „Asia“ an.

Ein ganz neuer Abschnitt in der Geschichte des Hauses Perthes begann mit dem Eintritt des Kartographen Hermann Haack (1872–1966), der zeitweise sogar dem Unternehmen seinen Namen gab. Haack widmete sich intensiv der Schulkartographie. Er bearbeitete die meisten im Perthes Verlag laufenden Schulatlanten neu. Von besonderer Bedeutung war sein modernes Schulwandkartenprogramm, das er zum Teil gemeinsam mit Fachwissenschaftlern entwickelte. Und Haacks Werke hatten ihren besonderen optischen Reiz.

Seine Wandkarten zeichneten sich durch ihre kräftig leuchtenden Farben aus. Diese und die plastische Geländedarstellung waren auf gute Fernwirkung abgestimmt.

Der historisch gewachsenen Verbindung des Namens Perthes an die Stadt Gotha wurde in der DDR-Zeit jedoch ein Riegel vorgeschoben. Der Verlag wurde enteignet und in Volkseigentum überführt. Jeder Schüler kannte fortan den Namen Haack, der dick auf seinem Schulatlas prangte.

Mit dem Fall der Mauer änderten sich auch die Verhältnisse in der Gothaer Anstalt. 1992 gelang Stephan Justus Perthes die Reprivatisierung des Verlages. Er verkaufte ihn noch 1992, um die Zukunft des Hauses langfristig zu sichern. 2016 endete die verlegerische Tätigkeit in Gotha.

185 000 Blatt Karten sowie 2200 Atlanten gehören zur historischen Sammlung des Verlages. Hervorstechendes Merkmal ist die Vollständigkeit der Bestände. So dokumentiert die Sammlung eindrucksvoll die Entdeckungsreisen ihrer Zeit, die zur Kartierung von Australien, Afrika und der Polargebiete führten.

Mit Mitteln der Kulturstiftung der Länder sicherte Thüringen 2003 die einmalige Sammlung und übergab sie der Forschungsbibliothek Gotha der Universität Erfurt. Hier wird sie bewahrt, erschlossen und erforscht. Seit 2015 befindet sich die Sammlung im aufwändig sanierten Perthesforum.

In diesen Gebäudekomplex war der Verlag bereits 1856 gezogen. Bereits 1865 expandierte der Verlag um einen westlich des Stammhauses gelegenen Neubau, der für die Kupferstecher und Kupferdrucker vorgesehen war. 1873 kaufte Perthes das angrenzende Anwesen der Maschinenfabrik Briegleb, Hansen und Co. samt Wohnhaus hinzu. Letzteres musste 1901 einem Neubau weichen.

Während des letzten Jahrhunderts wurde der Komplex beständig erweitert und modernisiert, sodass sich noch heute Spuren unterschiedlicher Architekturepochen finden lassen.

Die östliche Halbkugel, dargestellt in Stielers Atlas von 1850. Foto: Alexander Volkmann

SERVICE

Das Perthesforum befindet sich in der Justus-Perthes-Straße in Gotha. Die Kartensammlung Perthes ist nach Voranmeldung zugänglich. Archivalien und Bücher können im Sonderlesesaal der Forschungsbibliothek Gotha genutzt werden.

▸ INFOS
Telefon (0361) 737 55 83 sowie unter www.uni-erfurt.de/sammlung-perthes

Ernst Wilhelm Arnoldi

Das Versicherungsmuseum ist in einem einstigen Versicherungsgebäude untergebracht. Foto: Dirk Bernkopf

DIE WIEGE DEUTSCHER VERSICHERER

Die Gründung der Gothaer Feuerversicherungsbank war eine Reaktion auf die einsetzende Industrialisierung

Der Name Arnoldi ist in Gotha allgegenwärtig: Arnoldidenkmal, Arnoldiplatz, Arnoldigymnasium. Erinnert wird an diesen Stätten an Ernst Wilhelm Arnoldi (1778–1841), den Kaufmann, Händler, Fabrikanten, Politiker und schließlich Versicherungsgründer. Er war alles in einem. Ein Universalgenie.

Er kannte die wirtschaftspolitischen Verhältnisse ebenso wie die Handelsbeziehungen und er hatte eigene Fabriken. Arnoldi sah zugleich über die Grenzen des Gothaischen Herzogtums hinaus und verfocht den Gedanken des Zollvereins. In den Prozess der Industrialisierung eingebunden,

Eine Büste Arnoldis, zu sehen im Versicherungsmuseum. Foto: Thomas Ritter

nahm er die erhöhten Risiken wahr, die ein Fabrikant durch die Anhäufung kapitalintensiver Einrichtungen zu tragen hatte. Den Verlust dieser konzentrierten Werte abzusichern, war den regionalen Brandkassen nicht möglich. Sie versicherten nur Gebäude, nicht aber das Inventar.

Die alten Versicherungen kamen mit der zügigen Industrialisierung schnell an ihre Grenzen. Sie genügten den immer größer werdenden kaufmännischen und industriellen Etablissements nicht mehr.

Deshalb sann Arnoldi auf eine eigene Versicherung für die deutschen Länder. Am 2. Juli 1820 trat der Vorstand der neuen Feuerversicherungsbank zur konstituierenden Sitzung zusammen. Ernst Wilhelm Arnoldi wurde zum Direktor gewählt. Als Sitz der Feuerversicherungsbank wurde Gotha bestimmt.

Das Prinzip lautete: Je höher das Risiko, umso mehr musste zur Absicherung bezahlt werden. 1827 entstand auch die Gothaer Lebensversicherungsbank.

Ihre Feuerprobe bestanden die Gothaer nach dem Hamburger Stadtbrand 1842. Rund 1,4 Millionen Taler wurden an Geschädigte ausgezahlt.

1945 verließen die Gothaer Versicherungen die Stadt gen Köln und Göttingen.

Im ehemaligen Gebäude der Lebensversicherungsbank wurde 1996 ein Museum errichtet. Die Ausstellung ist in den historischen Sitzungsräumen der Lebensversicherung und im Foyer des heutigen Thüringer Finanz- und Sozialgerichts untergebracht. Auf Initiative Gothas und mit Unterstützung durch den Gesamtverband der Deutschen Versicherungswirtschaft sowie verschiedener Firmen ist die Ausstellung als „Deutsches Versicherungsmuseum Ernst Wilhelm Arnoldi" für jedermann zugänglich. Bei den Exponaten zu Arnoldi und den Ursprüngen des deutschen Versicherungswesens handelt es sich meist um Dauerleihgaben der Gothaer Versicherungen in Köln.

Mit solchen Schildern konnten Hausbesitzer an der Fassade anzeigen, bei wem sie versichert waren. Foto: Peter Michaelis

SERVICE

Das Museum befindet sich in der Bahnhofstraße 3a in Gotha.

▸ **ÖFFNUNGSZEITEN**
Montags von 10 bis 16 Uhr (außer an Feiertagen).

▸ **INFOS**
www.dvm-gotha.de

LAUTSTARKES HAMMER-KONZERT

Die vor mehr als 500 Jahren gebaute Ohrdrufer Schmiede zählt zu den bedeutsamsten Industriedenkmälern des Landes

Der Tobiashammer ist ein klassisches Ausflugsziel. Zu der uralten Schmiedehammeranlage führen von der Schule organisierte Wandertage ebenso wie Ausflüge ganz in Familie. Meist wird die Fahrt hin zur alten Schmiede mit einem Spaziergang durch die schönen Wälder der Umgebung verbunden und mit einer Einkehr in einem Wirtshaus. Immer aber ist der Tobiashammer das eigentliche Ziel vieler Interessenten, zu denen zu DDR-Zeiten auch die Brigaden zählten. Das brachte neben interessanten Erfahrungen auch Punkte im innerbetrieblichen kulturellen Wettbewerb ein.

Der Tobiashammer ist eine große, wasserkraftgetriebene Schmiedehammeranlage, hier präsentiert von Museumsleiter Thomas Kalbitz. Foto: Alexander Volkmann

Was aber macht den Reiz dieses technischen Denkmals aus? Allein das stattliche Alter von rund 500 Jahren kann es wohl nicht sein. Eine genaue Jahreszahl der Entstehung des Hammers ist ohnehin nicht mehr nachzuweisen. Manche Historiker gehen vom Jahr 1482 aus, als das Wasser zum ersten Mal die Schmiedeanlage am Rande von Ohrdruf antrieb. Andere Quellen benennen frühere oder spätere Jahre.

Fest steht nur: Im Jahre 1592 wurde der Hammer von Tobias Albrecht gekauft. Nach ihm wurde das heutige technische Denkmal benannt.

Bereits vor ihm betrieben die legendären Gebrüder Fugger aus Augsburg in unmittelbarer Nachbarschaft eine sogenannte Seigerhütte. In Hohenkirchen wurden nach der mittelalterlichen Methode des Seigerns verschiedene Metalle gewonnen. Zur Verhüttung kam allerdings nicht einheimisches, sondern ungarisches Erz.

In Ohrdruf entstanden zur Weiterverarbeitung der gewonnenen Metalle mehrere Hammerwerke. Der Tobiashammer bestand ursprünglich aus drei mächtigen Eisenhämmern, welche durch die Kraft eines Wasserrades gehoben wurden. Produziert wurden Sensen, Sicheln, Pflugschare, Lanzen und Schwerter.

Seit dem ausgehenden Mittelalter betrieb man den Abbau von Kupferschiefer bei Ohrdruf. 1545 errichtete man dazu auch ein Schmelzwerk, die sogenannte Blauhütte. Der Umbau des Tobiashammers zu einem Kupferhammer wurde aber erst viele Jahre später, 1737, beantragt und schließlich durch den Grafen von Hohenlohe bewilligt. Wenig später kaufte der Gothaer Herzog Friedrich III. die Blauhütte und ließ sie umbauen. Eisen wollte er gewinnen. Seine Frau machte er zur Namensgeberin: Im Schmelzwerk Luisenthal wurde von 1753 bis 1865 gearbeitet.

Im 19. Jahrhundert versuchte man immer wieder Kupferschiefer in der Region abzubauen. Verschiedene Gesellschaften gründeten sich, um am Steinigen Berg das Kupfererz zu gewinnen. Seit 1865 versuchte das die „Aktien-Gesellschaft für Bergbau und Hüttenbetrieb Ohrdruf“, ab 1898 die „Vereinigten Thüringer Kupferbergbau-Gesellschaften in Gotha“ und ab 1904 die „Vereinigte Thüringer Kupferbergbau-Gesellschaft zu Eisenach“. Doch zu einem lohnenden Abbau ist es nie gekommen.

Die ehrgeizigen Ziele scheiterten auch an städtischen und staatlichen Auflagen. Allerdings wurde im Ersten Weltkrieg dann doch Eisenmangan gefördert – die Front forderte ihren Tribut.

1972 wurde der alte, damals verfallene Hammer vom damaligen Stahlverformungswerk Ohrdruf gekauft. Der Ausbau zu einem Schaubetrieb begann wenig später. Heute zeigt sich das Industriedenkmal in wiedererstandener Pracht. In einem Villengarten liegt das Hammerherrenhaus. Der zweigeschossige Putzbau in spätklassizistischer Architektur nimmt das Hammermuseum auf. Gegenüber liegt das ehemalige Magazingebäude mit deutlichen Einflüssen der Gründerzeit. Hinter teilweise farbig verglasten Metall-Bogenfenstern befindet sich der Gastraum einer Schenke. Im Zentrum stehen freilich die funktionstüchtigen Fallhämmer. Angetrieben von Wasserrädern sausen sie mit großer Wucht nieder und formen so Metalle um. Bei Schauvorführungen sollte man sich vorsorglich die Ohren zuhalten.

Während der Führungen kann man auch eine gigantische Dampfmaschine erleben. Sie war von 1920 bis 1985 in der Maxhütte Unterwellenborn im Einsatz und leistet 12 000 PS.

Thomas Kalbitz.
Foto: Conny Möller

„EIN UNVERGESSLICHES ERLEBNIS“

Drei Fragen an Thomas Kalbitz, Museumsleiter beim Tobiashammer in Ohrdruf

Welchen Grund gibt es, dem Tobiashammer einen Besuch abzustatten?
Da kenn ich Dutzende. Der wichtigste: Hier kann man ein wassergetriebenes historisches Hammerwerk zum Schmieden ebenso in Aktion erleben wie ein Poch- und Walzwerk oder eine Dampfmaschine. In einer landschaftlich wunderschön eingebetteten Anlage wird einem vorgeführt, wie Metalle auf die unterschiedlichste Art bearbeitet werden. Es ist einfach ein Erlebnis, erst recht in Zeiten von Handy und Computer, das man nicht so leicht vergisst.

Warum sind gerade Sie der Herr über den Tobiashammer?
Mein Vater war der letzte Hammerschmied. Ich selbst habe in einem Metallbetrieb nebenan Werkzeugmacher gelernt und recht früh erste Kontakte zu dieser Produktionsstätte geknüpft.

Alljährlich gibt es am Tobiashammer ein internationales Symposium für Metallgestalter. Was bringt Ihnen das?
Es geht nicht nur um Kunst, sondern auch darum, das alte Hammerwerk am Laufen zu halten. Außerdem ist es die beste Werbung für unser Museum. Übrigens wurden hier viele Filme gedreht, etwa „Krupp“ und „Unsere Mütter, unsere Väter“.

SERVICE

Der Tobiashammer befindet sich am Ortsausgang von Ohrdruf in Richtung Oberhof.

ÖFFNUNGSZEITEN
Geöffnet ist ganzjährig von Mittwoch bis Sonntag 10 bis 18 Uhr. Von November bis April schließt das Denkmal bereits 17 Uhr.

INFOS
www.tobiashammer.de

DIE ALTE GERBEREI

Von einem einst in Ohrdruf blühenden Handwerk blieb nur ein kleines Museum übrig

Das Gerben ist eines der ältesten Handwerke der Menschheit. Aus rohen Tierhäuten entsteht dabei verarbeitungsfertiges Leder. Allerdings haftete dem Gerben ein Makel an: der nicht unerhebliche Gestank. Dieser ist auf chemische Reaktionen bei der Verarbeitung der Häute zurückzuführen.

Der Gerbprozess benötigte viel Wasser. Aus diesem Grund lagen die Werkstätten der Gerber häufig an Stellen, wo Wasser einfach verfügbar war und auf möglichst kurzem Wege den Siedlungsbereich wieder verließ.

Bis in das Jahr 1630 waren in Ohrdruf bis zu 30 Lohgerbermeister tätig, 1780 immer noch 19. Sie siedelten am von der Ohra gespeisten Mühlgraben. Die dort entlang führende Gasse erhielt den Namen Lohgerber-Gasse, aus der allmählich die Löbergasse, dann die Löberstraße entstand.

Hier arbeitete auch der letzte Ohrdrufer Gerbermeister Manfred John. Heute ist sein Haus ein technisches Denkmal. Hier können die Besucher noch die funktionstüchtige Werkstatteinrichtung seiner Chromgerberei besichtigen. Im Rahmen von Führungen ist es möglich, einzelne Arbeitsschritte des Gerbprozesses anschaulich zu erleben. Dabei kommt Handwerkzeug zum Einsatz, das auf alten Wappen noch heute zu erkennen ist: Der Scherdegen und das Schabeisen, die zum Entfleischen der Häute dienten.

Ohrdruf hat auch in der Lederherstellung Tradition. Bis vor wenigen Jahren gab es hier eine Berufsschule für Schuster und Täschner.

In der Gerberei blieb nahezu alles unverändert; lediglich die Schaufensterpuppe zog neu ein.
Foto: Peter Riecke

Nähroß für Sattler

Häute, Werkzeuge und ein Denkmal-
Schild, diese Außendarstellung sagt eigentlich
schon alles … Foto: Peter Riecke

„ALLES BLIEB WIE AM LETZTEN TAG"

Drei Fragen an Klaus Rudolph vom Technischen Denkmal Alte Gerberei e. V.

Ute John und Klaus Rudolph gehören zum Verein Alte Gerberei und erhalten das Museum am Leben. Foto: Peter Riecke

Wann schloss die Alte Gerberei in Ohrdruf für immer?
Im Juni 1990 nach dem Tode des letzten Besitzers, Gerbermeister Manfred John. Noch heute hängt in einem Produktionsraum ein vergilbter Kalender aus diesem Jahr an der Wand, in den die Beschäftigten die Tagesleistung eingetragen haben. In unserem Museum ist bis ins Detail alles so erhalten geblieben wie am allerletzten Tag. Die Räume wurden weder mit neuer Farbe gestrichen noch wurden Lichtschalter oder Türschilder ausgetauscht. Denkmalschützer sind ganz stolz auf diese authentische Art und Weise.

Wie war der Alltag in der Gerberei?
Sehr hart. Es roch unangenehm, es floss viel Wasser und es gab anfangs keine richtige Heizung im Winter. Was die Leute hier hielt, das waren ein großzügiger und sozialer Chef und eine Rolle Leder am Jahresende als Prämie. Die war zu DDR-Zeiten sehr viel wert.

Was genau wurde produziert?
Der Betrieb war klein, aber flexibel. Er war in der Lage, feines Leder an die Arnstädter Handschuhfabrik ebenso zu liefern wie gröberes Material für Schulranzen oder Schweißerschürzen. Es gab Dutzende Abnehmer in Thüringen, zu denen auch der Schuhhersteller „Paul Schäfer" in Erfurt zählte.

SERVICE

Die Alte Gerberei befindet sich in der Löberstraße 2 in Ohrdruf.

ÖFFNUNGSZEITEN
Geöffnet ist von Mai bis Mitte September immer sonntags von 10 bis 16 Uhr. Außerhalb dieser Zeit sind Führungen nach Voranmeldung möglich unter Telefon (03624) 40 22 89

INFOS
www.alte-gerberei-ohrdruf.de

WO DAS TRINKWASSER HERKOMMT

Die Ohra-Talsperre versorgt über ein weit verzweigtes Leitungsnetz Hunderttausende Abnehmer mit sauberem Wasser aus dem Thüringer Wald

Kurz hinter Luisenthal riecht man den Wald. Hier, wo sich zwischen Bergen und Bäumen der Ohra-Stausee breitmacht. Mal schlängelt er sich um Rundungen, mal leckt sein sauberes Wasser am felsigen Ufer. Meist sind es Wanderer, die sich auf den kilometerlangen Weg rund um das künstliche Gewässer machen, von denen es in Thüringen 120 gibt. Doch längst nicht alle haben diese Geschichte, sind ein technisches Denkmal und von dieser hohen Bedeutung beispielsweise als Trinkwasserspeicher oder als Schutz vor Hochwasser.

Die Schönheit der Landschaft rings um die Ohra-Talsperre erschließt sich nicht nur beim Fotografieren aus einem Flugzeug heraus. Baden und Bootfahren sind allerdings im herrlich sauberen Wasser nicht erlaubt. Foto: Sascha Fromm

Viele der kleinen und kleinsten Thüringer Stauseen sind kaum so groß wie ein Fußballfeld und gehören eigentlich niemandem so recht. Da wächst oft Schilf, es wird gebadet oder manchmal geangelt. Ganz anders der Ohra-Stausee, der im Verbund mit zwei anderen in unmittelbarer Nachbarschaft steht, dem Stausee in Tambach-Dietharz und der Talsperre Schmalwasser.

Letztere liegt zwischen den beiden anderen im Schmalwassergrund. Sie wurde erst 1998 nach einem langen Probestau, der von 1993 bis 1997 dauerte, in Betrieb genommen. Die Einweihung war 1995. Vor diesem zeitlichen Hintergrund spielt sie in unserer Serie „Straße der Industriekultur" keine Rolle. Sie zählt (noch) nicht zu den historischen Anlagen.

Alle drei Seen sind durch Stollen miteinander verbunden, die das Wasser der vielen kleinen Gebirgsbäche unter ihnen verteilen. Die wohl wichtigste ist eben die Ohra-Talsperre gleich hinter Luisenthal. Ihr Damm ist knapp 60 Meter hoch und 260 Meter lang. Über ein weit verzweigtes Rohrsystem von fast 250 Kilometern Länge fließt das Trinkwasser von Luisenthal aus zu 70 sogenannten Übergabestellen. Diese versorgen wiederum 227 Städte in Thüringen mit ihren rund 700 000 Einwohnern. Allein die Landeshauptstadt Erfurt deckt ihren Bedarf an Trinkwasser zu 70 Prozent aus der Ohra-Talsperre.

Wer den imposanten Damm einmal zu Fuß überqueren und dann vielleicht eine Wanderung in die umliegenden Wälder unternehmen will, der findet die Ohra-Talsperre vergleichsweise einfach. Man fährt mit dem Auto an ihr vorbei, wenn man von Gotha aus über die Landstraße in Richtung Oberhof will.

Gebaut wurde die Ohra-Talsperre von 1960 bis 1966. Der Staudamm ist ein gerader Steinschüttdamm mit Asphaltbeton-Außendichtung. Das Material wurde aus einem Steinbruch geholt, der im späteren Flutungsgebiet lag. Man schüttete also zuerst die Steine auf und versiegelte sie anschließend.

Die Wasseraufbereitungsanlage befindet sich unterhalb des Damms. Neben der Trinkwassergewinnung wird an der Ohra-Talsperre auch Strom erzeugt. Das Wasserkraftwerk hat eine Leistung von 400 kW.

Betrieben wird die gesamte Anlage von der Thüringer Fernwasserversorgung (TFW). Sie ging 2003 aus der Thüringer Talsperrenverwaltung und dem im gleichen Jahr gegründeten Fernwasserzweckverband Nord- und Ostthüringen hervor. Eine derartige Konstruktion, die Land und Kommunen unter einem Dach vereinigt, war bis dahin in Deutschland ohne Beispiel.

Sehr viele Wanderer nutzen die waldreiche Gegend. Foto: Thomas Ritter

„GUTES WASSER SCHMECKT NACH NICHTS“

Drei Fragen an Hans-Dieter Linz von der Thüringer Fernwasserversorgung

Hans-Dieter Linz
Foto: Privat

Schmeckt Ihnen das Wasser aus der Ohratalsperre?
Es ist eines von den Besten, die wir in Thüringen haben. Es schmeckt praktisch nach nichts, was der höchsten Güte entspricht. Wir nennen unser Wasser sogar Komfort-Wasser. Das hängt damit zusammen, dass unser Stausee von Wäldern und Bergen umgeben ist und eine sehr geringe Härte aufweist. Es gibt praktisch keine Landwirtschaft im Einzugsgebiet, was wiederum zum Einfließen etwa von Düngemittelresten führen würde.

Wieso sprechen Sie eigentlich von Fernwasser?
Unser Wasser wird vor Ort von einigen Kunden noch einmal mit örtlichem Wasser-Vorkommen gemischt. Das hängt beispielsweise mit der geringen Härte des Fernwassers zusammen, die natürlich für Menschen, Haushaltsgeräte, Blumen oder Aquarien bestens ist. Auf der anderen Seite aber haben viele Wasser-Zweckverbände eigene Grundwasservorkommen mit einer sehr hohen Härte. Mit der Mischung auf einen niedrigeren Härtegrad wird für die Endkunden sozusagen eine komfortable Wasserhärte eingestellt. Es ist in gewisser Weise ein Kompromiss.

Wann war das letzte große Hochwasser?
2014 war die Talsperre fast bis an den Rand gefüllt. Wir haben die Niederschläge aus dem Einzugsgebiet zurückgehalten. Wenn es aber unterhalb der Stauanlagen zu massiven Wolkenbrüchen kommt, dann haben die Dämme keinen Einfluss mehr.

SERVICE

Die Ohra-Talsperre befindet sich nahe Luisenthal. Wer den Damm erreichen möchte, muss etwa 1,5 Kilometer vom Parkplatz aus laufen.

▸ **INFOS**
www.thueringer-fernwasser.de

Die Staumauer der Tambacher Talsperre wurde 1905 vollendet.
Foto: Dirk Bernkopf

Blick ins Wasserwerk der Ohra-Talsperre.
Foto: Jens König

DIE ERSTE TALSPERRE THÜRINGENS

Nahe Tambach-Dietharz werden die Wasserläufe der Apfelstädt und des Mittelwassers gestaut

Sie war die erste in Thüringen überhaupt: 1902 begannen die Arbeiten an der Talsperre Tambach. Elf lange Jahre hatte die Planung gedauert. Bauingenieur Otto Intze, der wohl berühmteste deutsche Talsperren-Konstrukteur, unterstützte als Gutachter dieses Projekt. Die Entwürfe stammten vom Gothaer Ingenieur und Wasserwerksdirektor Hugo Mairich (1863–1902). Er starb kurz vor Baubeginn bei einem Auto-Unfall.

Den Zuschlag für den Bau erhielt das Bauunternehmen Windschild & Langelott aus Cossebaude. Die Arbeiten an der Staumauer endeten im Oktober 1905. Im Frühjahr 1906 wurde zum ersten Mal eingestaut. So nennt man das Volllaufen des Staubeckens. Das Wasser dazu liefern zwei Flüsschen, die Apfelstädt und das Mittelwasser.

Eine architektonische Attraktion ist die über 100 Jahre alte Talsperre noch immer. Bei der Staumauer handelt es sich um eine Gewichtsstaumauer aus Porphyr vom nahen Schmalwassergrund. Sie ist 26,50 Meter hoch und weist eine Kronenlänge von rund 110 Metern auf.

Man nennt die Tambacher auch Gothaer Talsperre. Das wirkt vielleicht etwas kurios, ist es aber gar nicht. Denn die Talsperre entstand im Auftrag der Stadtgemeinde Gotha und war dringend notwendig zu deren Wasserversorgung. 780 000 Kubikmeter Wasser passen in das Staubecken. Doch auch das reichte bald nicht mehr aus. Schon in den 1930er Jahren gab es Überlegungen für den Bau einer weiteren Talsperre – umgesetzt wurden diese aber erst mit der Ohra-Talsperre zu DDR-Zeiten.

SERVICE

Um die Talsperre führt ein 6 Kilometer langer Wanderweg. Ausgangspunkt ist der Sportplatz von Tambach-Dietharz. Im Sommer finden unterhalb der Staumauer Konzerte mit klassischer Musik statt.

Stutzhäuser
Gasthaus &
Brauereimuseum

SPEZIALBIERE BIS 1990

Die 1882 gegründete Luisenthaler Brauerei „Keil & Fasbender" war ein klassischer Familienbetrieb

Bier aus Luisenthal hat eine sehr lange Geschichte. Es war zuerst eine eher kleine und feine, aber selbstständige Brauerei. Der Betrieb wurde 1892 auf den Grundmauern eines Stutzhauses errichtet. Das Stutz war ein ortsübliches Mengen- oder auch Hohlmaß zum Verkauf von Holzkohle und Kienruß. Es entsprach etwa einem Viertel Zentner.

Begründer der Brauerei war der 1838 in Mäbendorf bei Suhl geborene Johann Keil. Als Teilhaber trat noch vor 1900 der Kaufmann Fasbender durch Einheirat in die Brauerei ein. Fortan kamen

Das Stutzhäuser Gasthaus und das Brauereimuseum befinden sich unter einem Dach. Das Lokal nutzt alte Brauerei-Räumlichkeiten als Gastraum. Foto: Alexander Volkmann

aus der Linie Keil die Brauer und aus der Familie Fasbender die Kaufleute, die gemeinsam die Geschicke der Braustätte leiteten.

Vor dem Zweiten Weltkrieg beschäftigte die Brauerei Keil & Fasbender elf Mitarbeiter und besaß acht eigene Gaststätten, wovon sich allein drei in Luisenthal und zwei in Ohrdruf befanden.

Als Familienbetrieb wurde die Brauerei bis 1962 durch Kaufmann Herbert Fasbender in alleiniger Regie geleitet. Danach ging sie auf Druck des Staates in ein Unternehmen mit staatlicher Beteiligung über. Letztlich war die Brauerei ein Betriebsteil im Getränkekombinat Erfurt. In der Braustätte Luisenthal wurde die Flaschenproduktion auf Spezialbiere beschränkt und 1990 endgültig eingestellt.

Die Architektur des gesamten Braukomplexes ist durchaus interessant. Im Zentrum steht direkt an der Luisenthaler Hauptstraße ein im Gründerjahr 1892 errichtetes mehrgeschossiges langgestrecktes Gebäude mit Satteldach. Am Nordende der Brauerei schloss sich das villenartig ausgebildete Wohngebäude der Eigentümer an. Im vorderen Teil des Brauereigebäudes befanden sich Fass- und Flaschenkeller sowie die Auslieferung. Im hinteren Gebäudeteil lag das eigentliche Sudhaus mit Malz- und Schrotboden. Am Südende wiederum schloss sich ein Bauteil mit Gärkeller an. In diesem Gebäudekomplex befinden sich heute das Brauereimuseum und eine Gaststätte.

Besucher werden direkt an der Straße von einem gut restaurierten Sudkessel empfangen. Foto: Dirk Bernkopf

Hier wurden einst Spezialbiere abgefüllt. Foto: Alexander Volkmann

Alte Werbetafeln für das Stutzhäuser Bier. Fotos: Alexander Volkmann

SERVICE

Die alte Brauerei befindet sich in der Karl-Marx-Straße 8 in Luisenthal.

▸ ÖFFNUNGSZEITEN

Dienstag bis Sonntag von 11 bis 17 Uhr.

UNTERWEGS AM ALTEN FLÖSSGRABEN

Einst trieben Holzstämme mit dem Schmelzwasser des Frühlings vom Thüringer Wald zu den Sägebetrieben in die Täler

Der Flößgraben-Lauf zieht alljährlich viele Läufer und Radfahrer auf die Strecke über die Höhen zwischen Gräfenroda und Oberhof. Zu Recht gilt dieser Lauf als einer der anspruchsvollsten in Thüringen, geht es doch im wahrsten Sinne des Wortes über Stock und Stein über 22 oder 11 Kilometer; von den vielen Höhenmetern einmal ganz zu schweigen.

An ganz normalen Tagen im Jahr aber wird der historische Flößgraben von Wanderern genutzt, von denen nur die wenigsten ahnen, dass es sich hierbei um ein Denkmal der Industriegeschichte Thüringens handelt. Die Strecke folgt über viele Kilometer dem Verlauf des historischen Flößgrabens. Er brachte mit dem Schmelzwasser des Frühlings einst das Holz aus dem Thüringer Wald zur Verarbeitung hinunter in die Täler.

Natürlich schwammen die Stämme damals nicht von allein durch den engen und winkligen Graben hinab. Dieser war noch dazu ziemlich flach in seinem Verlauf und hatte nur ein geringes Gefälle. Es musste also gehörig nachgeholfen werden. Es war eine sehr harte Arbeit für jene Männer, die mit Stangen den Lauf des Holzes immer wieder vorantrieben.

Von 1691 bis 1702 entstand der Hauptabschnitt des Flößgrabens. Er führte vom Lütsche-Bach am

Der Lütsche-Flößgraben ist als solcher nicht mehr vorhanden. Entlang seiner Strecke gibt es aber Bäche, wie hier den Ensebach am Borzelborn bei Frankenhain. Foto: Marco Kneise

Langengrundteich (Gelände des heutigen Zeltplatzes an der Lütsche-Talsperre) entlang mehrerer Berge bis nach Luisenthal und mündete dort in die Ohra. Über den kleinen Fluss Apfelstädt wurde das in den Wäldern geschlagene Holz manchmal bis nach Erfurt geflößt.

Die ersten Stämme flößte man im Jahre 1702. Das funktionierte ganz gut, sodass man schnell an die Erweiterung des Grabens ging. Schon wenige Jahre später wurde der Flößgraben dann auch rückwärts bis zum Kehltal verlängert. Unterwegs wurde der Flößgraben allerdings von einem steinharten Gegner ausgebremst. Ein riesiger Felsblock stand im Wege. Da man damals noch kein Dynamit zur Hand hatte, ging man auf recht einfache aber wirksame Weise gegen den Felsen vor. Man schockte den Stein abwechselnd mit Feuer und eiskaltem Wasser. So entstand Stück für Stück der knapp 40 Meter lange, rund 2 Meter hohe sowie 2 Meter breite Tunnel. Seitdem heißt der Fels auch der „Ausgebrannte Stein“.

Dies ist die eine und sozusagen offizielle Variante, die in Geschichtsbüchern nachzulesen ist. Schon zu DDR-Zeiten gab es allerdings skeptische Stimmen, die an dieser Methode per Feuer und Wasser zweifelten. Sie sei zu ungenau und technisch nicht machbar, so hieß es. Also zogen Heimatforscher los und untersuchten die Felsen genauer. Dabei wurden Bohrlöcher entdeckt, die auf den Einsatz von Schwarzpulver schließen ließen.

Bei der Beschreibung des Lütsche-Flößgrabens ist es wichtig, den älteren Flößgraben bei Oberhof mit zu erwähnen, welcher nur 1,8 Kilometer lang war. Aus dem Vorhandensein beider Gräben resultieren viele Verwechslungen und irrtümliche Darstellungen, die man in manch Wanderheften findet.

Zum Flößen selbst wurde das Holz nach der Schneeschmelze zunächst zum Kehltalsteich transportiert. Dies geschah in der Regel mit kräftigen Pferden. Schließlich wurden die Schleusen geöffnet und das Holz schwamm los. Für die Einwohner aus den umliegenden Dörfern war das Flößen immer wieder eine große Herausforderung. Schließlich hatte sich die männliche Bevölkerung der benachbarten Ortschaften laut Befehl der Obrigkeit entlang des Grabens aufzustellen. Mit Stangen und Haken ausgerüstet, hatten die Männer zu verhindern, dass sich die bis zu vier Meter langen Holzstämme unterwegs verhakten. Dies hätte unweigerlich zu einem Stau im Flößgraben geführt. Als Nadelöhr galt der Ausgebrannte Stein. Hier mussten die Stämme von Holzknechten durch das Loch im Felsen gezogen werden.

Doch alle Anstrengungen, den Flößgraben einigermaßen wirtschaftlich zu betreiben, zahlten sich am Ende nicht aus. Immer wieder gab es neue Probleme mit dem Bau, deren Lösung viel Geld kosten sollte. Nach nur 17 Jahren musste der Betrieb eingestellt werden.

Man hatte bisher die damals ungeheure Summe von 50 000 Talern ausgeben müssen, um den Flößgraben zu bauen und zu reparieren. Dem stand der Transport von gerade einmal 50 000 Kubikmetern Holz gegenüber. Der Flößgraben wurde stillgelegt und die Natur legte wieder Büsche, Bäume und Moos über den Bau.

Heute haben Wanderer Mühe, auf dem Pfad mit seinen rund 23 Kilometern Länge noch Reste und Zeichen des einstigen Flößgrabens zu finden. Doch ein steinerner Zeuge ist nun wirklich nicht zu übersehen: der Ausgebrannte Stein.

SERVICE

Der Flößgraben befindet sich in einem Gebiet nördlich des Rennsteigs, das durch die Gemeinden Oberhof, Frankenhain und Luisenthal begrenzt wird. Es gibt mehrere Wanderstrecken.

DIE WIEGE DER GARTENZWERGE

Auf der Leipziger Messe wurden 1898 erstmals bunt bemalte Zwerge aus Gräfenroda präsentiert

Über die künstlerische Qualität des deutschen Gartenzwerges mag man ebenso streiten dürfen wie über Geschmack und Mentalität ihrer Besitzer. Unstrittig allerdings ist die Tatsache, dass die ersten richtigen Gartenzwerge in Thüringen geboren worden sind.

In den 1870er Jahren wurden in Gräfenroda durch August Heissner und Philipp Griebel zwei Unternehmen gegründet, die sich zunächst auf Tierfiguren spezialisierten. Thüringer Zwerge bot man 1898 erstmals auf der Leipziger Messe an.

Reinhard Griebel in seiner Gartenzwergmanufaktur.
Foto: Marco Kneise

Reinhard Griebel.
Foto: Marco Kneise

„SIE LÄCHELN MICH AN“

Drei Fragen an Reinhard Griebel, den letzten Thüringer Gartenzwerg-Hersteller

Mögen Sie selbst Ihre Gartenzwerge?
Jedes Mal, wenn ich einen in meinem kleinen Betrieb nach dem Brennen aus der Form hebe, lächelt er mich an. Da bekommt man doch gleich gute Laune. Bei welcher Arbeit hat man das sonst? Wir produzieren etwa 20 Zwerge pro Tag, alle in Handarbeit. Jeder einzelne wird von Hand bemalt.

Gab es Vorbilder für die Zwerge?
Die ersten entstanden etwa um 1890 in Gräfenroda als Kopien fleißiger Bergleute mit Hacke und Schaufel. Daher die rote Mütze, die damals von den Knappen getragen wurde. Heute würden sie wohl einen Helm tragen.

Warum stammen die Zwerge ausgerechnet aus Gräfenroda?
Hier in der Gegend gab es Ton und ausreichend Holz zum Betreiben der Brennöfen. Immerhin stellten hier im Ort einst 16 Betriebe Gartenzwerge oder Tierfiguren aus Ton her. Da wurde einiges an Material und Brennstoff gebraucht.

Alsbald verlangten Kunden in aller Welt nach den bunt angemalten Gesellen. Die Gräfenrodaer stellten deshalb sehr schnell die Weichen in Richtung einer Serienproduktion.

Aufgrund der großen Nachfrage gründeten sich schon bald weitere Firmen in Gräfenroda, die neben Zwergen auch Märchenfiguren und Tiere formten. Bis zu 16 Manufakturen gab es zeitgleich. Doch wie das so ist mit den Moden und Geschmäckern, irgendwann ließ das Interesse nach. Nicht zuletzt sorgten die Weltkriege dafür, dass die Menschen ganz andere Sorgen hatten, als ihre Vorgärten mit Gartenzwergen zu bevölkern.

Mit der Gartenzwergmanufaktur Philipp Griebel hat wenigstens ein Unternehmen die Zeitläufe überdauert. Es unterhält in Gräfenroda ein kleines Museum.

Sie heißen Balduin oder Theo, Heido oder Gräfin Roda – Gartenzwerge aus Gräfenroda gibt es in mannigfaltiger Gestalt. Fotos: Sascha Fromm

SERVICE

Manufaktur und Museum befinden sich in der Ohrdrufer Straße 1 in Gräfenroda.

▸ INFOS

www.zwergen-griebel.de

Das Viadukt ist 100 Meter
lang und überspannt das Tal der Zahmen Gera.
Foto: Marco Kneise

HOCH ÜBER ANGELRODA

Das Eisenbahn-Viadukt an der Strecke zwischen Arnstadt und Ilmenau wurde im Jahre 1879 erbaut

An den Schienenwegen quer durch Thüringen gibt es Bauwerke, die es in sich haben. Nicht nur der technische Nutzen, die Leistung des Architekten oder etwa die Bauweise sind gemeint – sie stehen darüber hinaus schön in der Natur. Alle diese Vorzüge vereint das Viadukt in Angelroda, das 1879 erbaut wurde. Die große Brücke gehört zur eingleisigen Bahnlinie zwischen Arnstadt und Ilmenau und ist rund 100 Meter lang. In einer luftigen Höhe von knapp 27 Metern rollen die Züge über das Tal der Zahmen Gera.

Der Bau aus Stahl, Stein und Beton besteht aus drei Feldern mit etwa 30 Meter Spannweite. Er zählt zu den Industriedenkmälern Thüringens. Neben den vielen bautechnischen Details lohnt sich die genauere Betrachtung des Viaduktes auch aufgrund seiner Historie: So entstand der

Stefan Wespa.
Foto: Alexander Volkmann

Fahrt über das Viadukt in Angelroda.
Foto: Christian Werner

„FILIGRAN WIE DER EIFFELTURM“

Drei Fragen an den Eisenbahn-Historiker Stefan Wespa

Wie wird man Bahn-Experte?
Einiges dazu hat sicher mein früherer Beruf beigetragen. Ich war im damaligen Bezirk Suhl als Anschluss-Bahn-Leiter für die Kohlezüge zuständig. Heute würde ich mich selbst als Hobby-Historiker sehen, der gern in Thüringer Archiven zum Thema Bahn forscht. Meine Spezialität ist die Strecke zwischen Erfurt und Ilmenau.

Was ist das Besondere am Viadukt von Angelroda?
Es ist das größte Bauwerk an der Strecke, liegt in einer Steigung und macht einen Bogen. Dazu ist das Ganze eine Stahlkonstruktion, die es in dieser Form vorher noch nicht gab. Als man das Viadukt sanierte, stellte man erstaunt fest, dass die äußeren Steine nur optische Fassade waren und das Ganze von einem Stahl-Skelett getragen wird. Es ist eine filigrane Konstruktion, die sehr viele Ähnlichkeiten zum Eiffel-Turm aufweist. Immerhin hat die Brücke 134 Jahre gehalten, ehe sie renoviert werden musste.

Warum musste das Viadukt überhaupt saniert werden?
Es gab erhebliche Korrosion an Trägern wie Blechen. Deshalb war die statische Sicherheit nicht mehr gegeben.

SERVICE

Das Viadukt befindet sich am Ortsrand von Angelroda. Es überquert unter anderem eine öffentliche Straße.

technisch imposante Bau in einer Zeit, da Deutschland gerade dabei war, seine Kleinstaaterei aufzugeben. Als die Strecke geplant wurde, durchlief sie noch die vier Länder Schwarzburg-Sondershausen, Schwarzburg-Rudolstadt, Sachsen-Coburg und Gotha sowie Sachsen-Weimar. Ein eigens angelegter Staatsvertrag musste 1876 zwischen den vier Ländern geschlossen werden, der die Spielregeln für den Betrieb der Bahn festlegte. Als fünfter Vertragspartner kam Preußen hinzu, das seit 1802 Hoheitsrechte beispielsweise über Erfurt hatte. Immerhin betrieb Preußen einen Großteil der in Thüringen fahrenden Bahnen.

Das Angelrodaer Viadukt ist eine auf zwei Pfeilern liegende Stahlfachwerkbrücke. Um die Belastbarkeit des Viadukts zu erhöhen, wurden die Stahlpfeiler der Eisenbahnbrücke 1904 einbetoniert.

Gut 100 Jahre später stand dann erneut eine Sanierung der längst unter Denkmalschutz stehenden Brücke an. Während der aufwendigen Reparaturarbeiten wurden nach Aussage der Bahn AG am Stahlfachwerk unter anderem 600 Schadstellen beseitigt und 20 000 neue Schraubverbindungen angebracht. Nach einjähriger Bauzeit rollt der Verkehr seit Juli 2013 wieder über das Viadukt.

125
1885 JAHR
BRAUEREI S

DAS KÜHLE BLONDE VOM SINGER BERG

Im kleinen Dörfchen Singen fließt das Bier in einer Museumsbrauerei heute noch wie vor über 100 Jahren in Fässer und Flaschen

Wirklich exzellent! So urteilt das deutsche Bier-Lexikon. Auch viele andere Tester und Experten ordnen das am Singer Berg gebraute Bier unter die besten in ganz Deutschland ein. Was aber ist das Geheimnis des kühlen Blonden, das aus der wohl kleinsten Brauerei Deutschlands stammt und eigentlich nur im Dorf selbst verkauft wird?

Singen liegt mitten in Thüringen, trotzdem aber fernab von Autobahn und quirligen Schnellstraßen zwischen Ilmenau und Stadtilm. Wer den Ortsteil des Gemeindeverbundes Ilmtal sucht, der muss mit dem Finger schon ganz schön lange auf der Landkarte kreisen, um den Flecken mit seinen schönen Fachwerkhäusern zu finden. Aber hat man ihn erst einmal gefunden und wagt eine Tour dorthin, dann lohnt sich dies durchaus. Nicht nur wegen des Bieres. Man kann herrlich wandern, im Sommer gibt es Steinpilze rings um den Berg und die Aussicht ins Land ist grandios.
Der kleine Ort hat um die 400 Einwohner und schmiegt sich eben an jenen Berg, der ihm den Namen gab. Singen wurde im Jahre 1294 erstmals erwähnt und gehörte zum nahen Kloster Paulinzella.

Die kleine Brauerei in Singen ist neben zwei Teiche gebaut, über die man im Winter das Eis zur Kühlung des Bieres gewann. Es wurde im eigenen Eiskeller gelagert. Uwe Obstfelder ist der Chef.
Foto: Alexander Volkmann

Uwe Obstfelder. Foto: Alexander Volkmann

„HIER WIRD MIT HERZ GEBRAUT“

Drei Fragen an Uwe Obstfelder von der Brauerei in Singen

Was ist das Erfolgsgeheimnis Ihres Bieres?
Das müssen Sie unsere Kunden fragen. Aber das viele Lob schmeichelt schon. Vielleicht liegt es daran, dass unser Bier immer noch so gebraut wird wie vor 130 Jahren. Damals, als unsere Familie zum ersten Mal Singer Bier auslieferte. Es sind eben sicher auch die Zutaten wie das gute Quellwasser hinterm Haus, Malz aus der Röhn und Hopfen aus Thüringen. Da ist nichts mit industrieller Fertigung, wo es bei der computergesteuerten Zusammensetzung auf die dritte Stelle hinterm Komma ankommt. Hier wird mit Herz gebraut.

Wo haben Sie das Handwerk gelernt?
Ich übernahm den Betrieb vom Vater, lernte zu DDR-Zeiten in Dresden sowie Eisenach und machte später nach der Wende in Kulmbach den Braumeister. Im Kern aber setze ich auf die alten Rezepte meiner Familie.

Sind Sie wirklich ein Ein-Mann-Betrieb?
Im Prinzip ja, auch wenn es ohne Hilfe nicht geht. Die erhalte ich aus der Familie und von Freiwilligen. Ich brauche ja mindestens drei Leute, wenn es ums Abfüllen geht. Immerhin müssen die Etiketten mit der Hand auf die Flaschen mit Bügelverschluss geklebt werden. Es ist eben eine Museums-Brauerei ...

Die Geschichte der Singer Brauerei beginnt mit der Entstehung einer Fuhrmannsschenke, etwas außerhalb des Dorfes. Eine lange Pappelallee erinnert noch heute an diese Straße. Die Ausspanne bestand im 17. Jahrhundert aus einem Gasthof mit sechs Zimmern, einer Schmiede und einem Brauhaus. Eigentümer war zunächst die Landesherrschaft, seit 1712 die Gemeinde Singen. 1805 bemühte sich die Gemeinde bei der Landesherrschaft in Rudolstadt um die Erlaubnis, für die Gemeindeschenke ein Wirtshausschild mit dem Bild eines Auerhahnes führen zu dürfen. Als Begründung wurde angeführt, dass man dieses Recht schon früher besessen habe.

1855 veräußerte die Gemeinde den Gasthof mit allen Rechten und Pflichten an einen Einwohner, mehrere Besitzwechsel folgten. 1875 entstand die Brauerei, die sich seither im Familienbesitz befindet. Seit 1995 wird die Brauerei von Braumeister Uwe Obstfelder geführt. Er bildet auch die gesamte Belegschaft des Unternehmens. Es ist ein Ein-Mann-Betrieb.

Die seit 1976 unter Denkmalsschutz stehende Anlage besteht aus einem zwischen zwei Eiskellern an einem Sandsteinhang errichteten Betriebsgebäude, das durch einen größeren massiven Anbau erweitert wurde. Zur Brauerei gehören zwei Teiche zur Eisgewinnung und eine eigene Quelle. Die Eiskeller sind in den Felsen gehauen.

Die gesamte technische Ausrüstung zur Würzeherstellung, der Kühlung sowie der Gärung und Reifung, Filtration als auch der Fassabfüllung wurde zwischen 1885 und 1925/1940 installiert und in Betrieb genommen. Die Maschinen stehen heute noch so da wie damals. Sie sind betriebsfähig. Die Braustätte stellt mit dieser technologischen Ausrüstung eine Besonderheit dar.

Die Brauerei lieferte vor 1914 an 13 Schankwirtschaften und Gaststätten. Nach dem Ersten Weltkrieg wurde der Betrieb nochmals erweitert. Man schaffte eine Flaschenwaschmaschine sowie einen Abfüllapparat an, um auch Flaschenbier

Ein kühles Blondes,
im Hintergrund der Sudkessel.
Foto: Alexander Volkmann

ausliefern zu können. In den darauf folgenden Jahren blieben die alten Maschinen und Geräte fast unverändert erhalten und stets in Betrieb, so dass bis heute Bier wie vor 100 Jahren gebraut wird.

Bereits zu DDR-Zeiten wurde einiges unternommen, um den Bestand der Museumsbrauerei zu erhalten. Dabei hatte es der kleine Privatbetrieb sicher nicht leicht, inmitten volkseigener Konkurrenz zu überleben. Einen Vorteil aber genoss die Brauerei Schmitt: Ihr herzhaftes Bier galt zu DDR-Zeiten sozusagen als gefragtes Zahlungsmittel – zumindest unter Männern.

Immer wieder modernisierte man sensibel, ohne aber den historischen Bestand zu gefährden. 1993 beispielsweise konnte ein neuer Holzgärbottich, gefertigt in der Böttcherei Schöne in Wiehe, aufgestellt werden.

Uwe Obstfelder braut jede Woche einmal, wobei er bis zu 2000 Liter Würze herstellt. Ist diese nach 8 Tagen vergoren und das entstandene Jungbier nach 4 bis 5 Wochen Lagerzeit ausgereift, wird der größere Teil des fertigen Bieres in Fässern, der kleinere in Flaschen verkauft.

Mit den Jahren ist es ruhiger geworden um die historische Mini-Brauerei. Heute meint man, die Zeit sei stehen geblieben. Im Sommer duften die Linden über den Biertischen. Vorm Eingang lagern alte Fässer und oben auf den Dächern stehen die rot gemauerten Schornsteine. Sie erinnern daran, dass der Betrieb einst über eine Dampfmaschine lief, die natürlich noch immer funktioniert.

SERVICE

Die Brauerei befindet sich am Brauereiweg 1 in Singen.

ÖFFNUNGSZEITEN
Geöffnet ist von Dienstag bis Sonntag 10–19 Uhr.

INFOS
www.brauerei-schmitt.de

Das Gebäude der alten Schmiede.
Foto: Alexander Volkmann

PFERDE UND TRABIS

In der Dorfschmiede Großliebringen werden noch die heißen Eisen wie vor 100 Jahren bearbeitet

Zu Zeiten, da Pferde eine Hauptrolle beim Transport und auf dem Acker spielten, mussten sie häufig beschlagen werden. Das übernahmen meist die Dorfschmiede. Das waren kräftige Kerle, die sich nicht davor scheuen durften, den Pferden die neuen Hufe aus Eisen vor Ort zu verpassen. Die stellte er am Schmiedefeuer gleich selber her und dazu auch die Hufnägel.

Doch richtige Dorfschmiede konnten noch viel mehr. Sie reparierten gebrochene Wagenräder, Federn und Pflüge. Sie waren zu allen Zeiten wahre Meister im Improvisieren. Das reichte bis

Schmied Edgar Kämpf.
Foto: Alexander Volkmann

„WIR ZEIGEN, WAS SCHMIEDE KONNTEN“

Drei Fragen an Edgar Kämpf, Besitzer der Dorfschmiede in Großliebringen

Wann brennt das Feuer noch?
Die Anlage läuft nur noch zum Schauschmieden. Dann, wenn Besucher kommen, um sich ein Bild über das uralte Handwerk zu machen. Die historische Schmiede ist im Besitz der Familie Kämpf. Mein Bruder Dietmar und ich sind beide gelernte Schmiede. Wir zeigen interessierten Besuchern, wie man früher am Schmiedefeuer Metall bearbeitete.

Was passiert beim Schau-Schmieden?
Beim Schauschmieden wird gezeigt, was Schmiede einst alles konnten. Dabei entstehen auch richtige Schmiedestücke. Bei diesen Vorstellungen formen wir beispielsweise kleine Hufeisen oder es wird ein mitgebrachter Meißel neu gehärtet und geschärft. Zwei Schauschmieden stehen jedes Jahr fest im Programm, einmal zum Tag des offenen Denkmals und dann zum Großliebringer Weihnachtsmarkt.

Welche alte Technik kann man bewundern?
Hier ist noch alles so erhalten, wie es einmal war. Im Prinzip könnten wir morgen weitermachen. Besichtigt werden kann also alles, was zu einer richtigen Schmiede gehört. Ich meine damit das flackernde Schmiedefeuer und den Amboss ebenso wie eine Drehmaschine von 1901. Zu bestaunen sind auch ein Federhammer, eine historische Ständerbohrmaschine, ein Schleifbock sowie eine Biegemaschine für Stahlradreifen.

Mit dieser Maschine
lassen sich Stahlreifen kreisrund biegen.
Foto: Alexander Volkmann

SERVICE

Die Dorfschmiede befindet sich in der Teichecke 2 in Großliebringen. Führungen nach Anmeldung bei Edgar Kämpf unter
Telefon (03629) 48 39.

▸ INFOS
www.ilmtal.com

in DDR-Zeiten hinein, wo es am Material oftmals mangelte. Da konnte es schon mal passieren, dass ein kaputter Trabi-Auspuff vom Schmied per Hand nachgebaut wurde.

Diese Zeiten sind ebenso vorbei wie jene der historischen Dorfschmieden selbst. Sie verschwanden mit den Jahren. Doch eine davon ist heute noch im kleinen Ort Großliebringen zwischen Rudolstadt und Stadtilm zu bestaunen.

Sie wurde 1879 vom Großvater des Eigentümers Edgar Kämpf erbaut und ist mit allen damals angeschafften Maschinen, Anlagen und Werkzeugen noch voll funktionstüchtig. Die kleine Schmiede zählt zu den vielen Mini-Museen in Thüringen, die nur bei Bedarf oder zu Veranstaltungen geöffnet werden.

Auch die Architektur ist es wert, die Schmiede in die Reihe der interessantesten Thüringer Industriedenkmäler einzuordnen. Der Westteil des eingeschossigen Gebäudes besteht aus Fachwerk auf einem Bruchsteinsockel. Der östliche Gebäudeteil ist aus massivem Bruchstein erbaut, sein Kniestock ist in Fachwerk mit Backstein-Ausfachung gehalten.

Das gesamte Gebäude ist mit einem Satteldach bedeckt. Typisch sind auch die sechsteiligen Fenster. Ebenso im Urzustand erhalten ist der Holzfußboden im Schmiederaum. Das ehemalige, an die Schmiede angrenzende Lagergebäude wurde nach der Wende mit EU- und Landesfördermitteln zu Vereinsräumen des Heimat- und Naturfreundevereins Deube ausgebaut. Die Orts- und Bilderchronik Großliebringens sind ebenso zu besichtigen wie das traditionelle Spinnhandwerk.

Das Wichtigste aber: Noch heute kann man die Schmiede in voller Aktion erleben.

DIE AUTOBAHN IM FELSENKELLER

Das Tunnelmuseum Niederwillingen informiert über den Bau der unterirdischen Röhren im Thüringer Wald

Wer Interesse daran hat, wie moderne Verkehrstunnel heutzutage geplant und gebaut werden, für den lohnt ein Besuch des Tunnelmuseums in Niederwillingen. Es zeigt ein vergleichsweise großes und begehbares Modell des Behringer Tunnels der BAB 71 mit seinen Röhren für Autobahn und ICE.

Dabei geht es hier keinesfalls um ein Spielzeugland: Nachgebaut ist eine der beiden Autobahntunnelröhren im Maßstab 1:4. Errichtet wurde das Modell zwischen Januar 1998 und der Tunnel-Eröffnung im Mai 2000 in einem ehemaligen Felsenkeller. Der stammt aus dem Jahre 1841, führt 15 Meter tief in den Hang hinein und diente einst als Bierkeller.

Das gesamte Museum umfasst allerdings viel mehr als nur die Mini-Tunnel. In einem kleinen Außenbereich können Besucher beispielsweise eine riesige Laderschaufel und einen Lader-Reifen in Originalgröße bestaunen. Beide sollen die überdimensionale Größe der beim Tunnelbau verwendeten Fahrzeuge verdeutlichen.

Zudem befindet sich im Fachwerkgebäude über dem Felsenkeller eine Dokumentation der Landschaftsveränderungen während des Tunnelbaus. Sie gibt Antwort auf die Frage, wie es ringsum vor, während und nach den Arbeiten aussah.

In einem Baucontainer daneben ist schließlich ein Landschaftsmodell mit dem Behringer Tunnel ausgestellt. Weiterhin befindet sich dort eine Bilddokumentation aller Brückenbauwerke des Autobahnbaues A 71 in Südthüringen mit den technischen Daten.

In diesem Gebäude befindet sich das Tunnelmuseum. Foto: Alexander Volkmann

SERVICE

Das Tunnelmuseum befindet sich Unter dem Berge 6 in Niederwillingen. Führungen nur nach telefonischer Anmeldung bei Werner Brunclik unter (03629) 830535.

ADLERKOPF UND GLOBUS ALS MARKENZEICHEN

Von Ichtershausen aus wurden Nadeln als Thüringer Qualitätsprodukt in die halbe Welt exportiert. Zeitweise arbeiteten hier über 1000 Menschen

Ich arbeite in der Nadel." Jeder ältere Arnstädter oder Bewohner Ichtershausens weiß mit diesem Satz etwas anzufangen. Mal war es der Großvater, der dort in der Schlosserei rackerte, mal die Tante, die in der Verpackung arbeitete, oder ein Kraftfahrer, der die Nadeln mit seinem Lkw auslieferte. Weit über 1000 Menschen waren im einstigen Nadelwerk tätig.

Auch ganz privat war die Nadel vielen Ostdeutschen ein Begriff. Schließlich kamen aus dem kleinen Ort nahe Arnstadt jene kleinen und griffigen Päckchen, die in den Sechzigern unter der Marke „Ich Nadeln" an Hausfrauen verkauft wurden.

Zur Erinnerung: Das war ein kleiner Papierbehälter zum Auseinanderklappen. In der Mitte steckte eine Mini-Vorrichtung zum Einfädeln des Fadens. Links die kräftigeren Nadeln, rechts die feinen.

Die Nadeln aus Ichtershausen schafften es, in die halbe Welt exportiert zu werden. Das funktionierte aber nur so lange, wie man sie zu vergleichsweise niedrigen DDR-Löhnen produzieren und billig im Export anbieten konnte.

Das Gebäude des ehemaligen Nadelwerks wurde aufwendig saniert. Im Vordergrund steht eine Skulptur, die an die Tradition erinnert. Foto: Alexander Volkmann

Manches, was an klugen Nadel-Ideen in Ichtershausen auch für den West-Markt geboren wurde, scheiterte an der Kurzsichtigkeit und Borniertheit der Oberen. Recht früh beispielsweise kamen Techniker auf die Idee, ein Sortiment von Nadeln für die Akupunktur in Serie zu produzieren.

Also schrieb der Betriebsdirektor in einem Brief von 1974: „Auf Anfragen und Empfehlung von Ärzten wurden Akupunkturnadeln seit zwei Jahren als Forschungs- und Entwicklungsthema festgelegt. Eine staatliche Aufgabenstellung dazu lag allerdings nicht vor. Trotzdem wurde eine Nullserie aufgelegt, die kurz vor der Vollendung steht."

Irgendwann kam das Antwortschreiben. Darin heißt es: „Auf Anfrage des Betriebsdirektors beim Ministerium für Gesundheitswesen der DDR über einen Bedarf und die Produktion solcher Nadeln wurde zum Ausdruck gebracht, dass derzeitig in der DDR kein Bedarf nach solchen Nadeln vorhanden ist, da die Wissenschaftlichkeit einer solchen Behandlung in Frage gestellt ist."

Das alles ist Geschichte. Geblieben ist ein Gebäudekomplex mit schönem Fachwerk. Der dreigeschossige Bau steht unter Denkmalschutz. Das Nadelwerk in Ichtershausen wurde 1862 von Wilhelm Wolff und August Knippenberg gegründet. 1891 entstand daraus die AG Thüringische Nadelfabrik Wolff und Knippenberg. Es gab schon damals Zweigwerke in Arnstadt und Ohrdruf. 1920 wandelte sich die AG in eine GmbH um und diese wurde dann an die Rheinischen Nadelfabriken Aachen angeschlossen.

Schon im ersten Jahr nach der Eröffnung fanden 100 Arbeiter in der Fabrik ihr Auskommen. Sie fertigten zunächst Näh-, Stick-, Stopf- und Stricknadeln, bevor in Ichtershausen 1869 die Herstellung von Nähmaschinennadeln aufgenommen wurde.

Die Erzeugnisse wurden mit der Handelsmarke „Adlerkopf im Strahlenkranz" trotz härtester Konkurrenz aus England und Aachen weltweit bekannt. Im Jahr 1887, dem Jahr des 25-jährigen Betriebsjubiläums, wurden täglich rund zwei Millionen verschiedenster Nadeln hergestellt. In das Jahr 1869 fällt auch der Baubeginn des ersten Hauses für Mitarbeiter auf dem Gelände der heutigen Klosterstraße. Immer wieder trug das Nadelwerk zur allgemeinen Entwicklung des Ortes bei. So sind eine Vielzahl von Wohnungen, Schrebergärten, der Kindergarten, die Kegelbahn und das Kulturhaus im Laufe der Jahre entstanden.

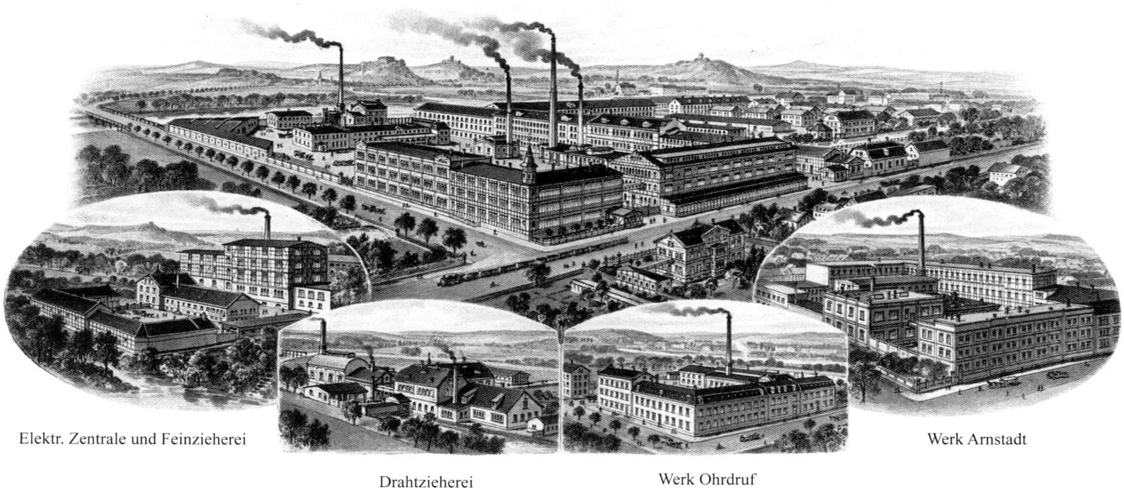

Das Nadelwerk Ichtershausen war in besten Zeiten eine Stadt für sich. Es gehörte zu den weltweit größten Fabriken seiner Art. Die Zeichnung stammt aus einer Festschrift von 1912. Abbildung: TWA e. V.

Nichts läuft ohne funktionierende Transportwege. Also schob das Unternehmen auch den Bau einer Bahnlinie von Arnstadt nach Ichtershausen an.

Im Jahre 1912 beschäftigte die Fabrik über 900 Leute und galt als eine der größten Nadelfabriken der Welt. Für den Vertrieb waren mehrere Reisende und 40 Vertreter in allen Landen tätig. Außerdem wurden gut sortierte Lager in Berlin, Iserlohn, Paris und Marseille unterhalten.

In den Jahren 1937 bis 1962 vollzogen sich in der Welt in jeder Hinsicht einschneidende Veränderungen. Die Produktion in Ichtershausen jedoch blieb sogar während des Zweiten Weltkrieges weitestgehend erhalten. Zum 1. Juli 1948 wurde der Betrieb in das Volkseigentum überführt. Das neue Markenzeichen bestand aus einem Globus mit durchgestochener Nadel, umlaufendem Nähfaden und dem Schriftzug „Ich Nadeln".

Dieses wurde zum Sinnbild der Qualität der Erzeugnisse in den Folgejahren. Mit Aufnahme der Nadeln für Textilmaschinen und von Chirurgischen Nadeln in das Produktionsprogramm stieg die Anzahl der Arbeitskräfte noch einmal an. 1969 wurde das Kombinat Solidor Heiligenstadt gegründet, dem man das Nadelwerk dann zuordnete.

Mehrere Rationalisierungsvorhaben wie die Fertigung von Industrienähmaschinennadeln, Glas- und Plastkopfstecknadeln oder Rundstricknadeln konnten in den 70er Jahren erfolgreich zum Abschluss gebracht werden. Auch wurde die Produktion effizienter gestaltet. Wie in vielen anderen Betrieben der DDR gab es so manche planerische Pannen und Pleiten. So wurde damals das Mitte der 70er Jahre gerade neu erbaute Ölheizwerk wieder stillgelegt, da auf Beschluss der Regierung nur noch mit Braunkohle geheizt werden durfte. Nach der Wende entstand die Thüringische Nadel GmbH. 1996 schließlich wurde das Nadelwerk liquidiert. Es lohnte nicht mehr. Aber immerhin, mit der Chirurgische Nadelwerk GmbH entstand ein Nachfolge-Unternehmen.

Das Fabrikgebäude ist in seiner Ausstrahlung geblieben wie eh und je. Besonders der turmbekrönte Eckbau prägt optisch den Ortseingang aus Richtung Erfurt. An der Fassade fallen besonders die zu Dreiergruppen gekoppelten Fenster auf. Hinzu kommen die sichtbare Fachwerkkonstruktion mit verputzten Gefachen und die Uhr am Kegeldach.

Ein kleines Museum zur Geschichte der Nadelherstellung ist seit langer Zeit in Planung. Exponate wie diese Maschine gibt es etliche.
Foto: Alexander Volkmann

SERVICE

Das ehemalige Nadelwerk befindet sich in der Erfurter Straße 42 in Ichtershausen. Es ist inzwischen Sitz der Gemeindeverwaltung. Auch ein Fitness-Studio, eine Frauenärztin und eine Physiotherapie zogen ein. Man kann das Objekt von außen besichtigen und es ist dank der neuen Nutzung teilweise auch von innen erlebbar.

8
10
131 072-1
HBL
HLL
HLL
HBL

Dieselloks aus
der Arnstädter Sammlung.
Foto: Kerstin Fischer

VIELE ALTE LOKS UNTER EINEM DACH

Im Arnstädter Bahnbetriebswerk kann man historische Dampf- und Diesellokomotiven bestaunen

Richtige Fans von alten Eisenbahnen gibt es viele. Mit Fotoapparat und Stativ ausgerüstet, warten sie anlässlich von Sonderfahrten entlang der Strecken geduldig auf einen Schnappschuss. Dabei könnten sie es auch viel einfacher haben: Tolle Motive, sprich alte Lokomotiven, stehen im Arnstädter Bahndepot in großer Zahl.

Im Jahre 1867 wurde die Eisenbahnstrecke Neudietendorf Arnstadt eingeweiht und Arnstadt damit erstmals an das Eisenbahnnetz angeschlossen. Nach und nach folgten weitere Schienenwege

Vorm Lokschuppen befindet sich eine drehbare Weiche. Damit können Loks einfach umgesetzt werden. Foto: Antje Köhler

Imposante Lokomotiven sind bei einer Führung durch das Arnstädter Bahnbetriebswerk zu sehen. Foto: Marco Kneise

rund um die Stadt. Mit der Inbetriebnahme der Strecke Arnstadt - Saalfeld 1895 entstand am heutigen Rehestädter Weg bis 1898 ein Bahnbetriebswerk mit einem fünfgleisigen Lokschuppen.

Zunehmender Eisenbahnverkehr, technische Modernisierung und Vergrößerung des Fahrzeugbestandes zogen ständige Veränderungen im Bahnbetriebswerk nach sich. So stieg die Zahl der Stände im Lokschuppen bis zum Ausbruch des Ersten Weltkrieges auf 22. Auch der besonders anspruchsvolle Betriebsdienst über den Thüringer Wald hinweg prädestinierte das Arnstädter Werk geradezu als Teststrecke für Neuerungen. Beispiele sind die Druckluftbremsen an Dampfloks in den 1920er Jahren oder 30 Jahre später die Einführung der verbesserten Kohlestaubfeuerung.

Heute ist das Bahnbetriebswerk nur noch Museum. Hier befindet sich ein außergewöhnlicher Bestand an Dampflokomotiven der Baujahre 1908 bis 1941. Diese Sammlung hat ihren Ursprung im Jahre 1992, als hier die sieben betriebsfähigen Dampflokomotiven der Reichsbahndirektion Erfurt zusammengezogen wurden. Auch mehrere Dieselloks gehören zum Bestand. Dokumentationswert hat ebenso das Bahnbetriebswerk an sich mit Lokschuppen und Werkstatt.

Engagierten Eisenbahnern gelang es, mit der Gründung eines Fördervereins den dauerhaften Bestand der Anlage als Eisenbahnmuseum zu sichern.

SERVICE

Das Eisenbahnmuseum befindet sich am Rehestädter Weg 4 in Arnstadt.

▸ **ÖFFNUNGSZEITEN**

Geöffnet ist Samstag und Sonntag sowie an Feiertagen von 10 bis 17 Uhr.

▸ **INFOS**

www.ebm-arnstadt.de

DHZ STEINE ERDEN

ALS ERFURT EINE BERGARBEITER-STADT WAR

Rund eine Million Tonnen Steinsalz wurden bis in das Jahr 1916 in der Landeshauptstadt gefördert. Inzwischen sind große Teile des historischen Schachtgebäudes dem Verfall preisgegeben

Kaum ein Mensch käme heutzutage auf die Idee, die Landeshauptstadt Erfurt als Stadt der Bergarbeiter zu bezeichnen. Ein schallendes Gelächter wäre wohl die Antwort. Zu Unrecht eigentlich, denn einst fuhren hier Knappen in tiefe Gruben ein. Ihr Ziel war das begehrte Steinsalz, das der Legende nach in früheren Jahrhunderten oft mit Gold aufgewogen werden musste, weil es rar, begehrt und damit teuer war.

Vom einstigen Glanz ist nichts mehr übrig. Wer der Saline im Erfurter Norden einen Besuch abstattet, der entdeckt zwar einen imposanten Bau. Wuchtig wie eine Wehrkirche steht der Malakow-Turm in der Mitte eines Schachtgebäudes. Doch er ist längst nicht mehr in Betrieb; er trotzt vielmehr mit letzter Kraft dem Zerfall. Hier sieht man ganz offen: Es kümmerte sich lange Zeit kaum einer um dieses Stück Erfurter Bergbautradition.

Vom Königlichen Salzwerk blieb der Malakow-Turm erhalten.
Foto: Marco Kneise

Das Salzbergwerk stand am nördlichen Ortsrand von Erfurt. Foto: Bissinger/TWA e.V.

Steinsalz, im Volksmund auch Kochsalz genannt, ist Gewürz und Heilmittel zugleich. Der Geschmack von Salz ist durch nichts zu ersetzen und sehr wichtig für viele Körperfunktionen des Menschen. Seine Fähigkeit zu schützen, zu reinigen und zu heilen ist seit Tausenden von Jahren bekannt. Im Altertum war Salz ein sehr begehrtes Handelsobjekt und eben teuer. Erst mit der industriellen Revolution wurde es für jedermann erschwinglich.

Nachdem bereits zu Beginn des 19. Jahrhunderts an verschiedenen Stellen Salzlager im Thüringer Becken erbohrt und Salinen errichtet wurden, machte der Geologe August Rost 1839 auch auf Vorkommen in Erfurt aufmerksam. Schon damals war die Stadt verkehrstechnisch sehr gut erschlossen, was die Wirtschaftlichkeit natürlich erhöhte. Denn was nützt es, Salz in einem abgelegenen Waldgebiet zu finden und abzubauen, das dann über viele Kilometer zu den Abnehmern transportiert werden muss. So gesehen, war Erfurt natürlich ein Top-Standort.

1856 ordnete der Königlich-Preußische Salinenfiskus die Errichtung eines Salzwerkes bei Erfurt an. Schon ein Jahr später erfolgte der offizielle Startschuss zum Abbau der Vorkommen. Die Erschließung der Lagerstätte erfolgte über zwei nach unten getriebene Schächte in einer Tiefe von 370 Metern. Die Abbau-Kammern waren 60 Meter bis 320 Meter lang, hatten eine Breite von 12 bis 33 Metern und eine Höhe von 6 Metern.

Die eigentliche Förderung des Steinsalzes begann im Jahre 1863. Wenig später kam noch eine Siedeanlage hinzu. Ihr verdankt das gesamte Bergwerk den Namen Saline. Noch heute gibt es in Erfurt die Salinenstraße und Saline wird vor allem von Älteren als Name für den Stadtteil benutzt.

Allerdings streiten sich die Experten darüber, ob es in Erfurt eine Saline im klassischen Sinne gegeben habe. Gegner verweisen auf den viel zu geringen Anteil der Salzgewinnung aus flüssiger Sole, wozu eine Saline eigentlich dient Das meiste sei von den Bergleuten im Stück gehauen und aus der Tiefe nach oben befördert worden, so das Argument.

Die Erfurter Steinsalzgewinnung erfolgte also größtenteils durch bergmännische Gewinnung. Darunter versteht man, dass das Salzgestein aus dem Gebirge geschlagen und in fester Form über Tage gebracht wurde.

Mit einer durchschnittlichen Produktion von jährlich rund 20 000 Tonnen gehörte das Werk zu den kleineren Salzproduzenten. Rund 70 Arbeiter waren hier beschäftigt, die zum großen Teil im damaligen Dorf Ilversgehofen wohnten.

Das Salzwerk musste im Jahr 1916 wegen erheblicher sicherheitstechnischer Mängel, aber auch aus Rentabilitätsgründen, geschlossen werden. Das Grubenfeld umfasste zum Zeitpunkt der Stilllegung eine Fläche von 750 Meter mal 450 Meter. Insgesamt wurden rund eine Million Tonnen Steinsalz gewonnen.

Nach der Schließung erfolgten Sicherungs- und Verwahrmaßnahmen. Die oberirdischen Anlagen wurden für verschiedene Zwecke genutzt, etwa als Lagerraum für Möbel in DDR-Zeiten. Der Malakow-Turm gilt als eines der monumentalsten Objekte des Erfurter Industriebaus. Wie aber kam der Turm zu seinem Namen?

Malakow-Türme stehen nach historischen Berichten in vielen Bergwerksgegenden. Ihre massive Gestaltung glich den Festungstürmen eines einst nicht einnehmbaren Forts in Sewastopol, welches nach General Malakow benannt wurde. Der Erfurter Turm entstand in den Jahren zwischen 1858 und 1859 und steht über einem Förderschacht des Salzwerkes. Er hat die Maße von 14 Meter mal 12 Meter und eine Höhe von 22 Metern. Die Außenwände sind bis zu 1,30 Meter dick. Das hat mit den riesigen Kräften zu tun, die bei der Förderung entstehen und vom Mauerwerk abgefangen werden mussten.

Die Arbeit der Bergleute war hart, der Verdienst gering. Trotz des Zwangs zum Sparen, der schon damals herrschte, legten die Bauherren viel Wert auf das Äußere der Anlage. Das kann man an der aufwendigen Gestaltung der Türen und Fenster nachvollziehen. Drei Hausseiten weisen Rundbogenfenster auf, deren innere Fenstergewände und äußere Fensterbögen in Ziegelbauweise gearbeitet sind.

Der Malakow-Turm bildete mit dem Fördermaschinengebäude, dem Mahlwerk und dem Pumpengebäude eine Anlage. Der Bau dokumentiert aus Sicht der Denkmalsschützer in charakteristischer Weise das Aussehen einer Salzgewinnungsanlage aus der Mitte des 19. Jahrhunderts. Der heute noch vorhandene Gebäudekomplex besteht aus dem zentralen turmartigen viergeschossigen Bau. An drei Seiten schließen niedrigere Schuppen mit flachen Satteldächern an.

SERVICE

Das Königliche Salzbergwerk ist nicht mehr zugänglich, kann aber von außen besichtigt werden. Es befindet sich in der Salinenstraße von Erfurt.

▸ INFOS
www.bergmannsverein-erfurt.de

EINE DER SCHÖNSTEN THÜRINGER WENDELTREPPEN

Das in den Fünfzigern gebaute Kaligebäude in der Landeshauptstadt hat ein sehenswertes Inneres

Das einstige Kali-Gebäude hat den Charme eines funktionalen Baus der 50er Jahre.
Foto: Alexander Volkmann

Thüringen war ein bedeutendes Kali-Land. In zehn Gruben wurde das weiße Gold bis in die Wendezeiten hinein gefördert, um vor allem als Düngemittel in der Landwirtschaft eingesetzt oder exportiert zu werden. Kalischächte gab es in Bischofferode ebenso wie in Bleicherode oder Sondershausen, wo auch der Sitz des Kombinates Kali war. In Erfurt aber gab und gibt es einen Gebäudekomplex, der noch heute vom Volksmund Kali-Haus genannt wird. Es war der Sitz der Vereinigung volkseigener Betriebe Kali (VVB) und wurde ab 1955 gebaut.

Entstanden ist es als Verwaltungsgebäude im Stil der sozialistischen Moderne. Beim Bau wurden erste industriell gefertigte Normbauteile eingesetzt und mit handwerklicher Arbeit kombiniert. Von außen eher unscheinbar, hat der Bau in seinem Inneren doch einige architektonische Besonderheiten vorzuweisen, die ihn aus Sicht der Denkmalschützer interessant und erhaltenswert machen.

Dazu gehört eine Wendeltreppe mit ihrem für die 50er Jahre ungewöhnlichen Aufwand in der Innenausstattung. Hier gibt es ein Wandbild in der obersten Etage, wunderbare Treppengestaltung mit Leuchtern sowie farbig gestaltete hohe Glasfenster.

Der Baukomplex besteht aus zwei Teilen: Ein fünfgeschossiger Bauteil A umfasst eine Großküche, Speisesaal, Konferenz- und Sitzungszimmer. Im Gebäudeteil B befinden sich vor allem Büros, die heute noch genutzt werden.

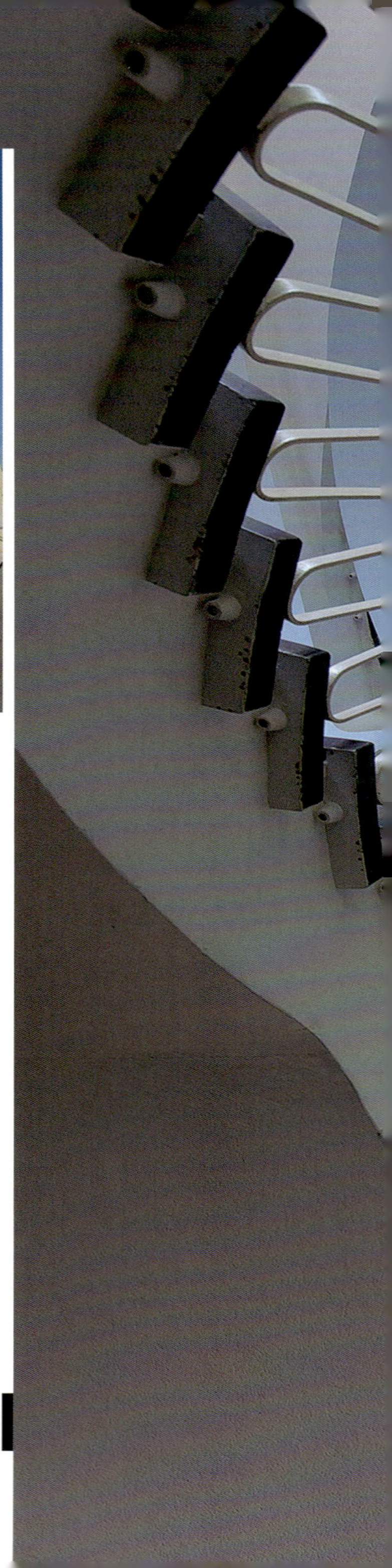

Das Treppenhaus begeistert nicht nur Architekturfans.
Foto: Alexander Volkmann

SERVICE

Das einstige Kali-Gebäude befindet sich in der Arnstädter Straße 28 in Erfurt. Hier haben mehrere Unternehmen ihren Sitz gefunden. Das Haus ist an Werktagen geöffnet.

EINE TANKE IM BAUHAUSSTIL

Der Erfurter Architekt Johannes Klass schuf eine der ältesten noch aktiven Tankstellen in ganz Deutschland

Die Tankstelle befindet sich gegenüber dem Steigerwald-Stadion.
Foto: Marco Kneise

Autofahrer hatten es anfangs schwer. Sie waren die Exoten im Straßenverkehr. Es dauerte ziemlich lange, bis sich die Verkehrsregel „Mot vor Hü und Hot" durchsetzte und Autos Vorfahrt vor Pferden bekamen. Nicht anders erging es den ersten Tankstellen, die wie Botschafter aus fernen Welten bestaunt wurden. Das erste Benzin kauften frühe Autobesitzer in Deutschland jedenfalls noch in Apotheken. In der Zeit ab 1900 konnte man den Treibstoff dann auch bei Kolonialwarenhändlern oder in Gaststätten in Flaschen und Kanistern erwerben.

Um 1910 zählte man etwa 2500 Verkaufsstellen, die Benzin anboten. Die Geschäfte erhielten ihre Lieferung durch Tankwagen, die ohnehin Petroleum zu den Läden fuhren. Durch das immer größere Aufkommen von Motorwagen weltweit ließ die Idee von großen Tanks mit Schläuchen und Zapfhähnen nicht mehr lange auf sich warten. In Deutschland wurde die erste Tankstelle im Jahr 1922 eingeweiht. Acht Jahre später war es in der heutigen Arnstädter Straße gleich gegenüber dem Landtag soweit.

Sie ist eine der ältesten noch in Betrieb befindlichen Tankstellen Deutschlands und gilt als architektonische Ikone. In dunkelrotem Backstein erbaut, ist das Gebäude deutlich am Stil des Bauhauses ausgerichtet.

Architekt war 1930 Johannes Klass, Auftraggeber die Deutsche Petroleum-Verkaufs GmbH Olex. Klass war langjähriger Erfurter Magistratsbaurat und schuf in den 20er Jahren Gebäudekomplexe, die heute noch das Gesicht Erfurts prägen. Zu nennen wären etwa die Herderschule, das Seniorenheim am Juri-Gagarin-Ring, das alte Steigerwald-Stadion und die Sparkasse am Anger.

Die Tankstelle war in die drei Bereiche Verkaufsraum, Werkstatt und Büro untergliedert und hatte von Anfang an zwei Spuren für die Autos. Dies entsprach der sich in den 20er Jahren durchsetzenden Trennung des Verkehrs durch Zu- und Abfahrt.
Die Fassade der Tankstelle wurde symmetrisch gegliedert. Auch die Zapfsäulen, Luft- und Wasserständer sowie die Werbeschrift auf dem Dach waren symmetrisch angeordnet.

SERVICE

Die Tankstelle befindet sich in der Arnstädter Straße in Erfurt.

TOTAL
TOTAL
Café bonjour
Diesel
Super E10
Super
excellium SuperPlus
bonjour
DKV

ERFURTER BRAUMALZ GING IN DIE HALBE WELT

Malzwolff verarbeitete Braugerste aus der Region und gehörte zu den größten deutschen Herstellern in der Branche

Hopfen und Malz Gott erhalt's! Diesen Spruch muss man in Erfurt wohl sehr wörtlich genommen haben. Gleich mehrere Malzwerke siedelten sich an der Schwelle zum 19. Jahrhundert in der heutigen Landeshauptstadt an. Überhaupt war Erfurt in diesen Zeiten Zentrum einer florierenden Lebensmittelindustrie, die all das an Getreide, Gemüse und Obst verarbeitete, was in den umliegenden Dörfern angebaut wurde.

Mit dem Bau des Malzwerks wurde 1885 begonnen.
Foto: Alexander Volkmann

Die Malzfabrik dominiert das Wohnquartier in der Thälmannstraße und Iderhoffstraße, ist aber nur noch eine Brache. Foto: Alexander Volkmann

Das wohl bekannteste Malz-Unternehmen in Erfurt trug den Namen Wolff und war ursprünglich mit einer ganz anderen Tradition verbunden: der Seifensiederei. Von dort jedenfalls stammte der Seifensiedermeister Johann Georg Wolff, der 1806 geboren wurde. Der wechselte 1864 sein Metier und betrieb fortan gemeinsam mit seinen Söhnen Ernst Friedrich (Fritz) und Hermann den Getreidegroßhandel J. G. Wolff & Söhne.

1869 pachteten die Unternehmer eine kleine Mälzerei und nur wenige Jahre später entstand der erste Neubau. Mit dem Betrieb ging es gut voran, das Malz verkaufte sich bestens, also wurde erweitert und investiert.

Der wirtschaftliche Erfolg jedenfalls veranlasste die Inhaber im Jahre 1885, mitten in Erfurt eine zweite riesige Malzfabrik in der heutigen Thälmannstraße zu bauen und dort Malz im großen Stil zu produzieren. Abnehmer gab es inzwischen mehr als genug; allein in Erfurt bestanden 13 Brauereien. In diesen Bau wurde die damals enorme Summe von rund einer Million Mark investiert.

Im Jahre 1897 teilten die Brüder das erfolgreiche Unternehmen: Die erstgebaute Fabrik hieß jetzt Hermann Wolff & Söhne und die spätere war fortan die Malzfabrik Fritz Wolff. Doch die beiden waren es nicht allein, die auf das Braumalz setzten. Vor den Toren Erfurts nämlich gab es seit 1882 in Ilversgehofen noch ein Werk der Malzfabrik J. Eisenberg. Doch der eindeutige Sieger unter den Erfurter Malz-Unternehmern war Fritz Wolff (1839–1928). Der galt nicht nur als ein hervorragender Geschäftsmann, sondern war ein ebenso engagierter Bürger. Wolff betätigte sich als Stadtverordneter und als Vorsitzender der Erfurter Handelskammer.

Der Erfolg des Malzwerkes weit über die Thüringer Grenzen hinaus führte immer wieder zu neuen Investitionen. Im Jahre 1897 wurde die Fabrik ein erstes Mal erweitert. In den 1920er und 30er Jahren steckten die Wolffs dann sehr viel Geld in verbesserte Transporttechnologien, neue Siloanlagen und in den Umbau der Darren.

Während die beiden anderen Malzfabriken in Aktiengesellschaften integriert wurden, gelang es der Fabrik von Fritz Wolff, die Eigenständigkeit zu bewahren. Er blieb solo, weil er es sich wirtschaftlich leisten konnte.

Der Zweite Weltkrieg brachte in Erfurts größter Malzfabrik tiefe Umbrüche mit sich. Die Männer waren an der Front, der Absatz von Bier ging zurück, immer weniger Malz wurde nachgefragt. Nach dem Zusammenbruch Hitlerdeutschlands und mit der DDR-Gründung wurden die Malzfabriken in Volkseigentum überführt.

Später schloss man die drei Erfurter Firmen mit volkseigenen Werken aus Langensalza, Arnstadt und zeitweise auch aus Nordhausen zusammen. Fortan gab es die VEB Erfurter Malzwerke sozusagen als Dachmarke der vereinigten Malzindustrie des damaligen Bezirkes Erfurt. Das Kombinat belieferte nicht nur heimische Brauereien, sondern exportierte in die halbe Welt. Doch auch der heimische Markt musste versorgt werden. Die Erfurter Malzindustrie stellte zeitweise ein Drittel des Braumalzes der DDR her.

Der nächste Umbruch passierte mit der politischen Wende 1989. In den Folgejahren wurde die Erfurter Malzwerke GmbH gegründet. Es kam, wie es kommen musste: Unrentables wurde abgestoßen, manches verschwand aus Gründen der Konkurrenz, anderes aber wurde modernisiert und flott für die Marktwirtschaft gemacht.

1992 übernahm die Getreide AG Rendsburg alle Anteile der Erfurter Malzwerke GmbH. Sie konzentrierte die Produktion am Nordbahnhof. Diese Betriebsstätte wurde in den Folgejahren mit Investitionen in Höhe von 20 Millionen Euro zu einer hochmodernen Mälzerei umgerüstet.

Aus der Sicht der Denkmalschützer aber ist und bleiben die Reste des alten Malzwerks in der Thälmannstraße das bedeutendste Erbe einer einst blühenden Branche. Experten loben den kompakten, aus zwei parallel zueinander angeordneten Gebäudegruppen bestehenden großräumigen Komplex aus Industriebauten in nahezu vollständiger originaler Erhaltung.

Errichtet wurde der imposante Bau in rotem Backstein in vier Abschnitten zwischen etwa 1885 und 1939. Noch heute besticht er trotz aller Zerfallserscheinungen durch seine konsequente Industrie-Architektur.

Zwar stellt die Mälzerei ein städtebaulich bedeutendes Ensemble dar. Bislang aber blieben die Geldspritzen zu einer Sanierung des historischen Komplexes aus. Mehrfach ins Spiel gebrachte Überlegungen zur Nutzung als Wohnquartier wurden noch nicht umgesetzt.

SERVICE

Das Malzwerk befindet sich in der Thälmannstraße (Ecke Iderhoffstraße). Es ist nicht öffentlich zugänglich, kann aber jederzeit von außen besichtigt werden.

Die Fabrikantenvilla der Familie Hess.
Foto: Alexander Volkmann

SCHUHE VOM LAUFENDEN BAND

Die Schuhfabrik Hess setzte in Erfurt von Anfang an und mit Erfolg auf eine industrielle Fertigung

Schuhe von Paul Schäfer kennen die meisten Thüringer noch heute. Sie wurden in großen Stückzahlen von Tausenden Beschäftigten bis zur Wende in Erfurt produziert. Und manch einer erinnert sich sogar noch an die sogenannte Gestattungsproduktion, wo nach Lizenzen der westdeutschen Marke Salamander Damenschuhe in Top-Qualität hergestellt wurden. Die gingen zum einen Teil in den Westen, sie konnte man zu vergleichsweise hohen Preisen aber auch in den Exquisit-Läden erstehen.

Wie auch immer: Der Name Paul Schäfer war bekannt. Kaum einer weiß aber heute noch, dass einst die Schuhfirma M. & L. Hess in Erfurt die Nase vorn hatte. Die Brüder Maier und Louis Hess gründeten um 1879 eine Fabrik, die Schuhe von Anfang an auf maschineller Basis herstellte. Bis 1884 produzierte Hess noch genagelte Schuhe, um danach auch auf genähte Modelle umzustellen.

Die Schuhfabrik wurde in einem Gewerbegebiet nahe dem heutigen Hauptbahnhof errichtet. Schon 1900 haben die Eigentümer sie nochmals erweitert. Noch war es durchaus üblich, dass die Fabrikantenfamilie nahe ihrer Fabrik wohnte, wovon die schöne Villa (um 1898) noch heute zeugt. Die eigentliche Fabrikanlage steht direkt daneben und bildet einen Kontrast, der deutlicher nicht ausfallen könnte. Links die verspielte Villa mit vielen neckischen architektonischen Details, rechts daneben der nüchterne Industriebau.

Ab 1915 führte Alfred Hess das Werk. Er machte sich auch als Kunstmäzen einen großen Namen. Während der Weltwirtschaftskrise und der Naziherrschaft durchlebte das von einer jüdischen Familie geführte Unternehmen äußerst dramatische Zeiten. Zwischenzeitlich war die Schuhfabrik zahlungsunfähig. Dann mussten die Nachfahren der Firmengründer emigrieren; sie verkauften notgedrungen ihre Firmenanteile. Nach dem Krieg folgte die Enteignung. Alsbald wurden in der DDR alle Schuhfabriken der Stadt unter einem Dach zusammengeführt. Ab 1953 firmierten sie als VEB Schuhfabrik Paul Schäfer.

Die beiden Hess-Objekte wurden später von der DDR-Armee als Verwaltung und als Lager genutzt. Die Villa wird noch immer von der Bundeswehr in Anspruch genommen.

AUFSTIEG UND NIEDERGANG

Gute Schuhe aus Erfurt, das war einst ein Begriff. Die Namen Lingel, Hess und später Paul Schäfer standen über viele Jahre für einen prosperierenden Industriezweig, der mit der politischen Wende 1989 weitgehend aus der Thüringer Landeshauptstadt verschwunden ist.

In Erfurt gab es bereits 1795 die erste industrielle Schuhfertigung. 1884 waren es 18 Fabriken. In den 20er Jahren des vorigen Jahrhunderts war sogar jeder vierte Erwerbstätige der Stadt in Schuhbetrieben beschäftigt, alles in allem etwa 8500 Personen.

Die Erfurter Schuhfabriken verschmolzen zu DDR-Zeiten zum VEB Schuhfabrik Paul Schäfer. Der Betrieb war der größte Schuhproduzent des Landes. Täglich entstanden hier bis zu 27 000 Paar.

SERVICE

Das ehemalige Firmengelände und die Villa befinden sich in der Thälmannstraße von Erfurt, direkt am Schmidtstedter Knoten. Eine Besichtigung ist nur von außen möglich.

HAUS DER
VOLKSSOLIDARITÄT
Zentrum/Altstadt
Hauptbahnhof
Erfurt-Nord
Stadtring

Die Lampenfabrik
wurde saniert und zum Wohnhaus umgebaut.
Foto: Alexander Volkmann

EINE ZUKUNFT FÜR DIE LAMPENFABRIK

Mitten in Erfurt wurde ein architektonisch bedeutendes Industriegebäude zum Wohnhaus umgebaut

Ein modernes großes Wohnhaus inmitten von Erfurt. Frisch saniert, voll vermietet und mit Balkons nach hinten – kaum einer sieht, dass es sich um eine einstige Lampenfabrik handelt.

Erfurt war vor rund 150 Jahren ein Lampen-Zentrum Deutschlands. 1873 wies das Adressbuch fünf Fabriken mit knapp 2000 Beschäftigten aus. Die ersten in der heutigen Thüringer Landeshauptstadt produzierten Lampen waren die noch Mitte

Stephan Höfig.
Foto: privat

WOHNEN IM INDUSTRIEDENKMAL

Drei Fragen an Stephan Höfig, Immobilienmakler aus Erfurt

Immer mehr Wohnungen entstehen in ehemaligen Fabriken. Wo liegt der Reiz?
Der liegt zweifellos an den hohen Decken und der Möglichkeit einer freien, großzügigen Grundrissgestaltung. Hier können Bewohner und Architekten Freiräume nutzen, die es anderswo nicht gibt. Ich selbst wohne in einem Loft mit einer vier Meter hohen Decke und weiß das zu schätzen. Bei der Wahl einer solchen Wohnung ist allerdings unbedingt darauf zu achten, dass es eine gute Lichtdurchflutung durch große Fensterflächen gibt.

Welche Voraussetzungen müssen die Gebäude erfüllen, um zu Wohnungen umgebaut zu werden?
Die Wohnnutzung muss natürlich baurechtlich und in aller Regel auch denkmalrechtlich genehmigt werden. Da alte innerstädtische Fabriken oft zu Produktions- oder Lagerzwecken mit großen Lasten erbaut wurden, lässt die Statik fast alles zu. Dennoch muss auch das geprüft werden. Schade ist, wenn kleinteilige Wohnungen geschaffen werden und dann die Wohnungsgröße nicht im richtigen Verhältnis zur Deckenhöhe steht.

Wie hoch ist die Miete in der Regel?
Die Miete ist genauso hoch wie bei normalen Wohnungen und richtet sich nach Lage und Ausstattung. Oft sind Loftwohnungen besonders groß, dann reduziert sich in vielen Fällen der Quadratmeter-Preis etwas. Am Ende müssen auch diese Wohnungen bezahlbar bleiben.

des 19. Jahrhunderts gebräuchlichen Öllampen. Auch Laternen verschiedenster Ausführungen zählten lange zum Produktionsprogramm. Später kamen Gas- und dann Petroleumlampen hinzu.

Bald setzte die industrielle Herstellung ein. Verschiedene Teile wie Brenner und Glaszylinder wurden standardisiert. Hier hatten auch die Erfurter Firmen ihren Anteil, die damals einen Aufschwung sondergleichen erlebten und ihre Produkte in viele Länder exportierten.

Dann kamen die 1920er Jahre. 1924 lag das Inlandsgeschäft völlig am Boden, nur das Ausland kaufte ein und sorgte für Beschäftigung in den Lampenfabriken. Irgendwie verschliefen die Erfurter Firmen die Umstellung auf Glühlampen und hielten zu lange an ihren Petroleumlampen und Laternen fest. Das sollte sich bitter rächen. Inzwischen nämlich hatten sich die erfolgsverwöhnten Thüringer Hersteller mit einer neuen Konkurrenz auseinanderzusetzen. Die kam aus dem Erzgebirge und drückte die Preise auf ein Niveau, dass den Erfurtern die Puste ausging. In der Folgezeit schlossen die Lampenfabriken nacheinander, 1938 ging das Licht in der vorletzten aus.

Übrig blieb – und das bis zum Ende der DDR – nur eine Firma: Kloepfel & Sohn. Sie wurde 1972 zum VEB Leuchtenbau Erfurt. Von der europaweit führenden Erfurter Lampenindustrie aber war 1989 nicht mehr viel übrig.

Die heute als Wohnhaus genutzte Lampenfabrik von Friedrich August Stübgen in der Erfurter Thälmannstraße wurde 1844 gegründet. Gebaut wurde sie nach Entwürfen des Architekten Max Brockert, der den Fabrikbau als kompakte, viergeschossige und streng gegliederte Eckbebauung errichten ließ. Ein Teil wurde zwischenzeitlich abgerissen.

Was noch von der alten Substanz steht, bringt Experten ins Schwärmen. Das Gebäude sei eines der bedeutenden Sachzeugnisse der Erfurter Stadt- und Industriegeschichte sowie der Industriearchitektur um 1900, loben Denkmalschützer.

SERVICE

Das in ein Wohnhaus umgebaute Gebäude der Lampenfabrik steht nahe dem Erfurter Hauptbahnhof in der Thälmannstraße.

FRESS-EX UND DAMENMÄNTEL

Entlang des Erfurter Angers reihen sich wie an einer Perlenkette erlesene Handelshäuser und sogar Textilfabriken

Am Anger schlägt für viele das eigentliche Herz Thüringens. Hier konnte man schon immer toll einkaufen, inmitten der quirligen Besucherscharen eine Tasse Kaffee schlürfen, genüsslich speisen oder lange in Bücherstapeln wühlen. Doch Erfurts Innenstadt hütet ein besonderes industrielles Geheimnis, das man angesichts der heutigen quirligen Einkaufswelt gar nicht glauben mag. Am Anger wurden Mäntel, Kleider und Röcke genäht – und zwar in Massen. Selbst Uniformen für die jemenitische Armee wurden hier zu DDR-Zeiten produziert. Seit der Wende sind all die Bekleidungsbetriebe geschlossen, wurden zu Büros oder Geschäften umgebaut.

Der Anger ist Thüringens bekanntester Boulevard. Früher wurde in vielen der stattlichen Häuser auch produziert.
Foto: Alexander Volkmann

1) Der Anger 1 war einst das Kaufhaus „Römischer Kaiser“.
Foto: Marco Schmidt

2) An der Ecke Johannesstraße/Krämpferstraße steht dieses Geschäftshaus, das 1928/29 im Stil der Neuen Sachlichkeit errichtet worden ist.
Foto: Marco Schmidt

3) Am Anger 9–11 war die Fabrik A. Gebser & Co. beheimatet.
Foto: Marco Schmidt

4) Am Anger 21 produzierte die Firma Armin Nöller.
Foto: Marco Schmidt

Wer sich nur eine Stunde Zeit für einen kleinen Spaziergang nimmt, der kann eine architektonische und geschichtliche Vielfalt erleben, wie sie kaum eine zweite deutsche Stadt in dieser gut erhaltenen Ästhetik zu bieten hat. Allerdings lohnt es, sich vorher zu informieren. Sonst bleibt vieles verborgen.

Auf geht's!

Das erste Gebäude ist die Einkaufsgalerie Anger 1. Auf rund 23 000 Quadratmetern gibt es über 50 Modeboutiquen, Fachgeschäfte, Cafés und Restaurants. Das einstige Kaufhaus „Römischer Kaiser" war in DDR-Zeiten als Centrum Warenhaus beliebt. Besonders prächtig ist die historische Fassade, die weithin über den Boulevard zu sehen ist. Errichtet wurde der Bau ursprünglich zwischen 1907 und 1908 unter Federführung zweier Architekten aus Halle.

Das zweite Gebäude: Gleich neben dem Anger 1 steht ein Wohn- und Geschäftshaus an der Ecke Johannesstraße/Krämpferstraße, das in seiner sachlichen Architektur nicht zu übersehen ist. Einfach, weil es einen harten Kontrast zu den historischen Gebäuden im unmittelbaren Umfeld vermittelt. Es wurde 1928/29 im Stil der Neuen Sachlichkeit von Architekt Heinrich Herrling errichtet und war zu DDR-Zeiten eine Poliklinik. Heute finden viele kleine Läden, Banken und Büros ihren Sitz in dem Hauskomplex.

Das dritte Gebäude: Die Fabrikation von Damenmänteln erfolgte unter anderem am Anger 9–11. Hier stand die Fabrik A. Gebser & Co., die 1921 gegründet wurde und später zum VEB Konfektionsbetrieb wurde.

Das vierte Gebäude: Am Anger 21 baute der Architekt Eduard Kayser 1899 ein Haus im Stil des Historismus. Hier hatte die Firma Armin Nöller ihren Sitz; sie produzierte Damenmäntel und -kostüme. Nach der Verstaatlichung 1972 wurde sie zum VEB Ideal Damenmäntel und später mit zwei anderen Betrieben zum VEB Modellkleidung zusammengeschlossen. Dieser Betrieb kam dann auch unter das Dach des Kombinates Oberbekleidung Erfurt. Zuletzt gab es an diesem Standort noch die Janus Design GmbH, die nach der Wende versuchte, die Tradition der Erfurter Textilindustrie fortzusetzen.

5) Damenmäntel wurden
einst auch am Anger 24 produziert.
Foto: Marco Schmidt

6) Der Anger 27 wurde 1898
im Stil des Historismus errichtet.
Foto: Marco Schmidt

7) Im Anger 33 befand sich
der Stammbetrieb des
Erfurter Bekleidungskombinats.
Foto: Marco Schmidt

Das fünfte Gebäude: Damenmäntel am laufenden Band wurden einst auch am Anger 24 produziert. Erbaut wurde der schöne Komplex 1900 im Stil der Neugotik vom Architekten Ferdinand Schmidt. Hier hatten über die Jahre hinweg gleich mehrere Damenmäntel-Hersteller ihren Sitz, etwa die Firmen Gebr. Lamm sowie Greiffenhagen & Bettsack und später Michelis & Beyer. Zu DDR-Zeiten war dies die erste Adresse des VEB Erfurter Konfektionsbetriebe.

Das sechste Gebäude: Es geht weiter zum Anger 27. Auch hier kamen Damenmäntel aus einem Haus, das 1898 im Stil des Historismus errichtet wurde. Dieses Mal vom Architekten Wilhelm Schwerthelm. Die Firma hieß ab 1938 Thiel & Otto und wurde 1972 zum VEB Erfurter Damenmäntel.

Das siebte Gebäude: Das letzte Haus in der Reihe der Fabriken für Damenmäntel stand am Anger 33. Erbaut um 1900 vom Architekten Rudolf Walter, war es Sitz der 1895 gegründeten Firma H. Meyer & Co. mit jüdischen Inhabern. Die Firma wurde 1938 neuen Besitzern zugeführt. Nach dem Krieg enteignet, wurde das Unternehmen erst zum VEB Bekleidungswerke Erfurt und stieg später sogar zum Stammbetrieb des Erfurter Bekleidungskombinates auf.

Das achte Gebäude: Der Anger-Spaziergang führt weiter zum Geschäftshaus Schellhorn in der Neuwerkstraße 2. Das ist jene Ecke, die das Ende des Erfurter Angers markiert. Hermann Schellhorn ließ es 1929/30 vom Architekten Heinrich Herrling für sein Einrichtungshaus im Stil der Neuen Sachlichkeit errichten.

8) Das Geschäftshaus Schellhorn markiert in der Neuwerkstraße das westliche Ende des Erfurter Angers. Foto: Marco Schmidt

9) Im einstigen Kaufhaus Germania wurden zu DDR-Zeiten Delikat-Waren verkauft. Gegenüber befinden sich ein Park und ein Spielplatz. Foto: Marco Kneise

Das neunte Gebäude: Den Abschluss des kleinen Rundgangs am Erfurter Anger macht das einstige Kaufhaus Germania. Es wurde 1895 ebenfalls im historisierenden Stil erbaut. Frisch renoviert, steht es am Hirschgarten und damit direkt gegenüber der Thüringer Staatskanzlei. Das Besondere: Hier befand sich zu Zeiten der DDR Erfurts größter Delikat-Laden, bekannt auch als Freß-Ex und Wucherbude. Auf mehreren Etagen bekam man Dinge, die es sonst nicht zu kaufen gab. Zum Beispiel die berühmte Brüsseler Schokolade sowie Ananas und Pfirsiche in Büchsen – und das alles zu horrenden Preisen.

SERVICE

Die Gebäude lassen sich während eines Spaziergangs am besten erleben. Da sich Ladengeschäfte in den meisten Häusern befinden, können sie zu den Geschäftszeiten natürlich auch von innen erkundet werden.

Sparkasse
GELD.
SICHER.
ANLEGEN.
25

MIT EINEM PFANDHAUS FING ALLES AN

Am Anger 23 warnen steinerne Figuren vor der Geldverschwendung und loben das brave Sparen

Landeshauptstädte locken Banken an. Von hier aus werden Kredite an Einwohner und Firmen der umliegenden Städte und Dörfer vergeben. Und hier zahlen die Bürger ihr Geld ein, in der Hoffnung, einen soliden Zins zu erhalten. Auch Erfurt entwickelte sich ab dem frühen 19. Jahrhundert zu einem Zentrum der Finanzen. 1823 eröffnete die städtische Leihanstalt. Mit ihr verbunden war die Stadtsparkasse. Jetzt konnte man in Erfurt in der Mainzerhofstraße 11/12 gegen Pfand Darlehen erhalten und sein Geld verzinslich anlegen.

Dabei war die städtische Sparkasse vorrangig auf den kleinen Sparer ausgerichtet. Dienstherren, Fabrikbesitzer und Handwerksmeister

Das Sparkassen-Gebäude am Erfurter Anger.
Foto: Sascha Fromm

Dieter Bauhaus.
Foto: Alexander Volkmann

„NEUE SACHLICHKEIT"

**Drei Fragen an
Dieter Bauhaus, Vorstandschef der
Sparkasse Mittelthüringen**

Seit 2003 befindet sich im Anger 25 die Hauptstelle der Sparkasse Mittelthüringen. Wäre ein Neubau nicht besser gewesen?
Diese Sparkassengebäude sind mit ihrer Architektur im Stile der neuen Sachlichkeit denkmalpflegerisch und baugeschichtlich wichtige Bauten für das Erfurter Stadtbild. Ein Neubau wäre weder aus denkmalpflegerischer Sicht vertretbar noch mit dem Bestreben der Sparkasse, kulturelle Güter zu erhalten, vereinbar gewesen.

Was macht den besonderen Reiz dieses Hauses aus?
Der Reiz ist die immer noch moderne Architektur mit einer geradlinigen Formensprache und guten Funktionalität. Das Haus birgt historische Gestaltungselemente und modernste Technik. Im Inneren findet man eine sehr helle Raumgestaltung und über ein Glasdach die Verbindung mit dem Außenbereich.

Haben Sie einen Lieblingsplatz im Haus?
Ein besonders schöner Platz findet sich in einer Sitzecke im ersten Obergeschoss. Dort kann man einen Blick auf die historische Tür des Hauses werfen, die dort aufgehängt ist.

Original erhalten ist heute nur noch die historische Fassade. Die Figurengruppen wurden vom Erfurter Künstler Hans Walther geschaffen. Foto: Marco Kneise

sollten ihre Untergebenen zur Einzahlung bei der Sparkasse ermuntern, damit diese für den Fall der Not selbst Kapital angesammelt hatten. Mit den Jahren erweiterten sich Kundenkreis und Tätigkeitsfelder der Sparkasse, neben das Sparen trat nun auch das Aktivgeschäft. Es erlaubte den Sparkassen nach 1838, die eingezahlten Spargelder verschieden anzulegen.

Die Folgejahre brachten auch im Bankgeschäft und im Versicherungsgewerbe viel Bewegung: Neue Banken und Versicherungen nahmen ihren Sitz in Erfurt. Konkurrenz, Krisen, Inflation und Kriege verdrängten aber auch wieder viele Geldinstitute. Von Bestand über alle Zeiten hinweg blieben die Sparkassen und Genossenschaftsbanken, weil sie tief in der Region verwurzelt waren und in der Regel die großen wie riskanten Geschäfte scheuten.

Die Sparkasse sitzt heute in mehreren attraktiven Gebäuden Erfurts. Zu den wichtigsten Standorten zählen das Bankgebäude direkt neben dem Rathaus (1934/35 erbaut) und die heutige Zentrale der Sparkasse Mittelthüringen am Anger 25. Letztere wurde unter Federführung des Erfurter Stadtoberbaurats Ludwig Boegl und des Magistratsoberbaurats Johannes Klaß 1928/30 im Stil der Neuen Sachlichkeit errichtet.

Original erhalten ist nur noch die historische Fassade. Interessant sind die Figurengruppen an der angerseitigen Fassade. Sie stammen vom Erfurter Künstler Hans Walther. Die linken Figuren stellen die Folgen der Verschwendung dar und die rechten die des guten Sparverhaltens. Das sollte wohl noch heute jeder beherzigen, wenn er die Schwelle seines Geldinstituts übertritt.

SERVICE

Die Sparkassengebäude befinden sich am Fischmarkt sowie am Anger 25 in Erfurt. Sie sind zu den Geschäftszeiten zugänglich.

LUCIUS UND DER ZAHNSTOCHER

Im Haus Dacheröden unterhielt der Stammvater der Erfurter Handelskammer sein Unternehmen

Das Haus Dacheröden ist eines der prächtigsten Gebäude auf Erfurts historischer Nobelmeile am Anger. Seine Wurzeln reichen weit bis ins Mittelalter zurück. Sein heutiges Gesicht verdankt der Prachtbau Heinrich Vasoldt. Er verdiente sehr viel Geld in einer Zeit, als das Erfurter Waid fast mit Gold aufgewogen wurde. Er jedenfalls ließ im Jahre 1557 den Erker und das pilastergefasste Hochstandportal, beides im Renaissancestil, errichten.

Runde 250 Jahre später setzten Karl Friedrich Freiherr von Dacheröden und seine Tochter Carolin intellektuelle Zeichen für die ganze Stadt. Im Hause Dacheröden verkehrten die schlauesten Köpfe dieser Zeit, unter ihnen Schiller und die Brüder von Humboldt.

Auch für die Straße der Industriekultur ist das Haus von Bedeutung. Hier hatte der Garnwaren-Großhändler Sebastian Lucius ab 1833 seinen Stammsitz. Der Unternehmer führte nicht nur erfolgreich die Firma seines Vaters fort, er war auch der erste Vorsitzende der 1845 gegründeten Handelskammer zu Erfurt.

Vor dem Haus steht ein Obelisk inmitten eines Monumentalbrunnens, dessen Bau zu einem Teil von der Familie bezahlt wurde. Der Volksmund nannte ihn deshalb Lucius' Zahnstocher.

Das Renaissance-Gebäude wird als Kulturforum genutzt. Vor allem Lesungen und Debatten finden hier statt. Foto: Marco Kneise

SERVICE

Das Haus Dacheröden befindet sich am Anger 37 in Erfurt. Es wird als Kulturforum genutzt. Der Herbstlese e. V. ist hier beheimatet.

Formschön und funktional, beides waren die Optima-Maschinen. Foto: Peter Riecke

AUS DER OLYMPIA WURDE DIE OPTIMA

Gleich hinter dem Erfurter Dom wurden auf einem großen Industriegelände einst Gewehre und Schreibmaschinen produziert

Wer heutzutage in Erfurt in die Oper geht, wer gleich gegenüber im 5-Sterne-Hotel übernachtet oder wer einfach so durch den Stadtteil Brühl schlendert, bewegt sich tatsächlich in einem einstigen Industriegebiet. Freilich sind die meisten Bauten inzwischen abgerissen oder aber einer neuen Nutzung zugeführt worden.

Erfurt war lange Zeit eine Stadt der Schreibmaschinen. Sie wurden in dem Stadtviertel hinter dem Dom montiert. Hier war ein ganzer industrieller Komplex gewachsen, der vom Heizwerk über Schmieden bis hin zur Montage und Auslieferung so ziemlich alle Abschnitte vereinte, die zu einer effektiven Fertigung nötig sind.

Ganz am Anfang der Unternehmensgeschichte standen Karabiner für das deutsche Heer. Die Ursprünge der Königlich-Preußischen Gewehrfabrik Erfurt lagen in Saarn bei Mülheim an der Ruhr. Die dortige Waffenfertigung verlegte man 1862 aus strategischen Gründen in das befestigte Erfurt. Hier entwickelte sich die Fabrik rasch zum

Das Werksgebäude der Königlich-Preußischen Gewehrfabrik blieb erhalten. Es steht in der Maximilian-Welsch-Straße. Foto: Marco Kneise

Andreas Krey.
Foto: Marco Kneise

„WICHTIG FÜRS STADTBILD“

Drei Fragen an Andreas Krey, Chef der Thüringer Landesentwicklungsgesellschaft LEG

Die LEG ist modern, sitzt aber in einem uralten Fabrikgebäude. Warum?
1994 startete in Erfurt eines der größten Stadtentwicklungsprojekte Deutschlands. Auch vor diesem Hintergrund bezog die LEG Thüringen das Gebäude in der Mainzerhofstraße, um direkt vor Ort zu sein und den Prozess aktiv mitgestalten zu können. Ein Baustein in der Umgestaltung des gesamten Brühls war die Sanierung des LEG-Gebäudes sowie die Errichtung eines Glasneubaus.

Das Gebäude steht nicht unter Denkmalschutz ...
... aber durch den Umbau des Hauses nach der Wende wurde ein wichtiger Beitrag zur Denkmal- und Stadtbildpflege geleistet.

Was erinnert im Haus noch an die industrielle Vergangenheit?
Im Inneren gibt es kaum noch Erinnerungsstücke. Im Zuge der Sanierungsarbeiten in den Jahren 1993 und 1994 wurde das Gebäude entkernt, neu aufgeteilt und mit modernen Büro- und Besprechungsräumen ausgestattet. Von hier aus setzen sich über 200 Mitarbeiter für die Entwicklung des modernen Wirtschafts- und Technologiestandortes Thüringen ein.

größten Arbeitgeber der Stadt. Sie beschäftigte 1866 schon 420 Mitarbeiter. Das Werk stand unter militärischem Befehl. Alle höheren Angestellten vom Meister an waren Militärpersonen. Die Arbeiter mussten sich einem militärischen Regime unterwerfen, Vergehen wurden hart bestraft. Der Standort am Mainzerhofplatz wurde mehrmals ausgebaut. Schon vor der Jahrhundertwende wurden zeitweise 2600 Arbeiter gezählt. Während des Weltkrieges produzierte die Erfurter Gewehrfabrik mit über 13 000 Beschäftigten. Frauen wurden erst seit dem Ersten Weltkrieg beschäftigt.

Nachdem die Fabrik im Sommer 1919 kurzzeitig ganz stillgelegt wurde, stellte man nach und nach wieder Personal ein. Gemäß den Festlegungen des Versailler Vertrages bestand die erste Aufgabe in der Demontage und Vernichtung von Gewehren, Maschinen, Schießständen, Gewehrläufen und Schafthölzern. Gleichzeitig versuchte die Geschäftsführung der nunmehrigen Deutsche Werke AG eine Ersatzproduktion zu finden. Die erfolgreich aufgenommene Jagd- und Sportwaffenfertigung wurde im Sommer 1923 aber endgültig von den Alliierten mit einem Verbot belegt.

Dass man sich in Erfurt schließlich für die Schreibmaschinenproduktion entschied, war dem

Die Thüringer Landesentwicklungsgesellschaft (LEG) hat sich in diesem ehemaligen Fabrikgebäude angesiedelt.
Foto: Marco Kneise

Zusammengehen mit der AEG zu verdanken. Der Erfurter Betriebsteil ging zu 50 Prozent an die AEG. Sie verlagerte ihre Schreibmaschinenproduktion hierher. Der Name des Schreibmaschinenherstellers war nun AEG Deutsche Werke Schreibmaschinengesellschaft. Während in Erfurt produziert wurde, verblieb der Verwaltungssitz noch in Berlin.

Ab 1924 wurde in Thüringen die Mignon – eine heute unter Sammlern berühmte Zeigerschreibmaschine – hergestellt. Schon 1925 ging die größere Klaviaturschreibmaschine Modell 6 in Serie, die an eine englische Maschine angelehnt war. Im Jahr darauf wurde die Fließbandfertigung eingeführt. Bald bereicherten Langwagenmaschinen, Sondermodelle für Blinde und eine Maschine für Matrizen das Erfurter Produktionsprogramm. Die Buchungsmaschine, an die ein Rechenwerk mit dem Namen Saldomat angeschlossen werden konnte, kam 1928 in die Produktion. Ende der 20er Jahre begann die Herstellung von Büromöbeln.

1929 verfügte die AEG über 100 Prozent der Aktien am Erfurter Werk. Ab 1930 firmierte die Fabrik unter dem Namen Europa Schreibmaschinen AG. Den Firmensitz verlegte die Geschäftsleitung 1932 nach Erfurt.

Der Kanonenschuppen der Erfurter Gewehrfabrik und heutige Sitz der NT AG befindet sich gleich hinter dem Dom. Er diente als Kulisse für einen Erfurter „Tatort". Hier war über die Drehtage hinweg die Polizeistation untergebracht. Foto: Marco Kneise

KANONENSCHUPPEN WURDE BÜROGEBÄUDE

Drei Fragen an Martin Kühn, Chef der NT AG

Martin Kühn. Foto: NTAG

Warum zog Ihr Software-Unternehmen ausgerechnet in einen 1832 errichteten Kanonenschuppen?
Als ein in Erfurt geborener Unternehmer war ich an einem repräsentativen Firmensitz interessiert und habe gleichzeitig die Möglichkeit gesehen, einen noch bis 2004 existierenden letzten Schandfleck hinter dem Dom zu beseitigen.

Inwieweit mussten Sie beim Umbau auf den Denkmalschutz Rücksicht nehmen?
Der Sanierung gingen etwa ein Jahr lang Vorgespräche mit den Baubehörden voraus, einschließlich intensiver Diskussionen mit der unteren und oberen Denkmalschutzbehörde. Nachdem die Umsetzbarkeit meiner Vorstellungen schwere Diskussionen herbeigeführt hatte, wird mittlerweile das Objekt als gutes Beispiel für die Erhaltung eines Denkmals durch Umnutzung in ein modernes Bürogebäude angesehen.

Gibt es im Hause heute noch geschichtliche Details?
Die mächtigen Holzbalken, die im Kanonenschuppen eine gleichmäßige Stützenkonstruktion darstellten, sind bewusst sichtbar belassen worden.

Während der Weltwirtschaftskrise musste über die Hälfte der Mitarbeiter entlassen werden. Erst 1934 wurde wieder voll gearbeitet. Anfang der 30er Jahre begann die Produktion von Kleinschreibmaschinen, sie brachte die Erfurter Fabrik 1935 an die erste Stelle unter den deutschen Schreibmaschinenherstellern.

Ab 1930 war das Modell 7 einer großen Büromaschine auf dem Markt. Sie erhielt den Namen Olympia. Seit 31. Dezember 1936 hieß das Erfurter Werk Olympia Büromaschinenwerk AG Erfurt. Auf den Krieg reagierte das Werk auch mit robusten Frontschreibmaschinen. 1941 wurde dem Olympia-Werk zudem ein Teilbetrieb der Berliner Pallas Apparatebau angeschlossen. Dieser AEG- Betrieb stellte in Erfurt Teile für Flugzeugmotoren her. Die Olympia produzierte auch für den Rüstungsbetrieb ERMA und für das Telefunken-Werk. Die Kriegsproduktion umfasste ein Granatzielgerät, Magazine, Flakzünder sowie Patronengurte. Auch die Schreibmaschinenproduktion lief weiter. 1942 wurde die millionste Schreibmaschine der AEG gefertigt.

Nach Beendigung des Zweiten Weltkrieges konnte die Arbeit nicht sofort wieder aufgenommen werden. Zuerst fanden sich ungefähr 800 Arbeiter ein, die mit den Aufräumarbeiten der zerstörten Anlagen begannen. Die Direktion nutzte die verbliebene Zeit bis zum Einmarsch der russischen Truppen, um wichtige Betriebsunterlagen und Betriebskapital aus der Firma zu ziehen und sich selbst in die westlichen Besatzungszonen abzusetzen.

Alsbald lief die Schreibmaschinenproduktion wieder an. Als Startschuss wurde das Modell M8 gebaut. Ab August 1945 gingen die Erzeugnisse schon auf das Reparationskonto der Sowjetunion. Im Dezember 1945 fiel das Werk unter Sequester, ein Treuhänder wurde eingesetzt. Da die AEG zu den größten Rüstungsproduzenten zählte und auch der Olympia-Betrieb Rüstungsproduktion betrieben hatte, sollte das Werk 1946 demontiert werden. Doch Olympia hatte Glück im Unglück. Der Betrieb wurde im November der Sowjetischen Aktiengesellschaft „Totmasch" angegliedert.

Eine Kleinschreibmaschine vom Typ „Olympia Filia". Foto: Peter Riecke

1948 erreichte das Olympia-Werk Erfurt sechzig Prozent der Vorkriegsproduktion, das entsprach einer Jahresproduktion von 64 382 Schreibmaschinen. 1949 arbeiteten wieder 4442 Beschäftigte an den Bändern.

In Wilhelmshaven etablierte sich inzwischen ein neues Olympia-Werk. Zwischen den beiden Betrieben entstand ein Rechtsstreit, der 1950 mit einer Erfurter Niederlage endete. Ein juristischer Ausgang, wie er für das damalige Verhältnis der beiden deutschen Staaten typisch war.

Also beschloss die Betriebsleitung eine Umbenennung des Werkes. Es trug nun den Namen „VEB Optima Büromaschinenwerk Erfurt". Der Optima gelang es 1963, sich als Schreibmaschinenproduzent den fünften Platz auf dem Weltmarkt zu sichern. 1979 konnte Optima als einer der ersten Betriebe der Welt eine elektronische Schreibmaschine, die „robotron S 6001", vorstellen. 1984 kam die erste bilinguale elektronische Schreibmaschine, 1985 die elektronische „S 6130" und 1987 die elektronische Kleinschreibmaschine „S 3004".

Aus dem ehemaligen VEB Robotron Optima Büromaschinenwerk wurden nach 1990 fünf Betriebe ausgegliedert. Noch 1994 belieferten sie 30 Länder der Welt. Dann das Aus: Angesichts des Vormarschs der Computertechnik wurde die Schreibmaschinenproduktion aufgegeben.

Diese Olympia war speziell für den Fronteinsatz der Wehrmacht und der SS konstruiert worden. Foto: Jens König

Für den Export entstand diese Optima mit arabischen Schriftzeichen. Foto: Peter Riecke

SERVICE

Das ehemalige Optima-Gelände befindet sich hinter dem Erfurter Dom, im sogenannten Brühl. Hier entstand seit den 1990er Jahren ein moderner Stadtteil. Mehrere historische Fabrikgebäude blieben erhalten; sie stehen mitten zwischen Neubauten, zu denen auch die Erfurter Oper gehört. Das Stadtviertel ist frei zugänglich.

DER SCHLUMMERNDE RIESE

Durch eine Notsanierung wurde das Heizhaus der Optima gerettet

Das einstige Heizhaus wurde saniert, es harrt aber noch einer dauerhaften neuen Nutzung. Foto: Marco Kneise

Wärme wird immer gebraucht – egal, ob zum Wohnen oder Arbeiten.

Das Erfurter Heizwerk am Rande des einstigen Optima-Geländes aber hat mehr zu bieten als eine Geschichte über die Versorgung von Werkshallen mit Wärme.

Wer heute vor seinen wuchtigen Mauern steht, dem wird schnell klar: Hier steht schöne alte Industrie-Architektur inmitten moderner Gebäude aus Beton, Glas und Stahl. Denn vieles aus der historischen Bausubstanz wurde abgerissen und musste raumgreifenden Neubauten wie der Oper, einem Hotel oder Geschäftshäusern weichen.

So ist das 1915 gebaute Heizwerk eines der letzten Industriegebäude in der Erfurter Innenstadt. Das Gebäude ist ein typisches Beispiel für die Industriebauweise dieser Zeit. Der Hauptbau wurde in Stahlbeton mit Klinker und Werksteinverkleidung errichtet, zwei kleinere Anbauten aus Klinkermauern schließen sich an.

Nach 1990 gab es viele kühne Ideen, um den Bau mit neuem Leben zu erfüllen. Die meisten Vorschläge konzentrierten sich auf kulturelle Aktivitäten, von der Kleinkunstbühne bis hin zum Museum für moderne Kunst. Aber alle noch so originellen Pläne für eine Dauer-Nutzung scheiterten letztlich am fehlenden Geld für einen umfänglichen Umbau. So blieben am Ende nur die Not-Sanierung und das gelegentliche Veranstalten sogenannter Events.

1890
2 Ringelberg
Thüringer Aufbaubank
Die Förderbank
FREISTAAT
THÜRINGEN
608

Im einstigen Benary-Hauptgebäude residiert nun die Thüringer Aufbaubank.
Foto: Peter Michaelis

DIE BLUMENSTADT UND IHRE GARTNERSCH-WAIBER

Erfurt ist eine Stadt des Gartenbaus. Der Weltruhm, den die Stadt mit ihrem Saatgut erwarb, war maßgeblich Ernst Benary zu verdanken. Er setzte sich auch mit Industriebauten ein bleibendes Denkmal

Früher war ganz Erfurt von Blumen- und Gemüsefeldern umgeben. Wo heute Wohnsiedlungen, Einkaufszentren, Logistik-Zentralen oder Autohäuser ihren Platz gefunden haben, wuchsen Blumenkohl, Gurken, Weißkohl oder Salat. Erfurt galt als Blumenstadt, mancher sprach aber lieber ganz sachlich von der Stadt des Gartenbaus.

Rund um Erfurt betrieben Mönche schon um das Jahr 800 den Gemüse- und auch Weinbau. Dazu kam bereits im 9. Jahrhundert der Anbau von Färberwaid. Aus den Pflanzen gewann man in einem aufwendigen Verfahren einen blauen Farbstoff, der im Mittelalter sehr beliebt war und der zum großen Reichtum der Stadt beitrug. Nirgends sonst in Deutschland wurde derart viel Waid angebaut wie rund um Erfurt.

Matthias Wierlacher.
Foto: Alexander Volkmann

„PERFEKTE MELANGE AUS ALT UND NEU“

Drei Fragen an Matthias Wierlacher, Vorstandsvorsitzender der Thüringer Aufbaubank

Warum hat die Aufbaubank ausgerechnet den Stammsitz des Erfurter Gartenbau-Unternehmers Benary bezogen?
Wir arbeiten und wirken an einem geschichtsträchtigen Ort. Von hier aus exportierte Ernst Benary seine Produkte in die USA und nach Japan. Benary steht für Innovationskraft und für unternehmerischen Erfolg. Ein besseres Parkett für die Thüringer Aufbaubank, die Wirtschaft und Innovationen fördert, kann man sich gar nicht wünschen.

Wie groß war der Aufwand bei der Sanierung?
Die alte Substanz war in einem hervorragenden Zustand. Der Rohbau, das Fundament, die Decken und die tragenden Wände waren vorhanden, während die Fenster und die Gebäudetechnik erneuert werden mussten. Die größte Herausforderung war aber unser Dach. Das wurde komplett abgenommen, um es um weitere 1,5 Meter anzuheben. Wir brauchten noch mehr Büroräume und konnten somit 400 Quadratmeter hinzugewinnen. Das Denkmalamt hat uns sehr kooperativ unterstützt, damit die Neukonstruktion das Wesen des Gebäudes nicht verletzt.

Was sind für Sie die schönsten alten Ecken im Haus?
Ich habe zwei! Zum einen das Treppenhaus, das im zweiten Stock zu einer Miniatur der Demeter-Skulptur führt. Wenn man der Geschichte glauben darf, wurde sie als Modell für Herrn Benary angefertigt. Nach der Fertigstellung der Dachfiguren wollte man sich des Modells entledigen. Ernst Benary entschied sich jedoch, es für das Treppenhaus zu nutzen. Zum anderen bin ich sehr gern im überglasten Innenhof. Dieses Atrium ist die perfekte Melange aus alt und neu.

Das 1887 gebaute Speichergebäude von Benary beherbergt das Druckereimuseum der Stadt Erfurt sowie eine Südsee-Sammlung. Foto: Peter Michaelis

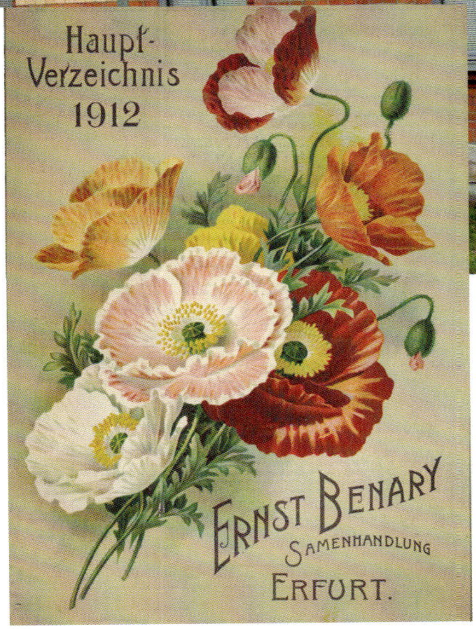

Aus Erfurt in alle Welt:
Benary-Katalog von 1912.
Abbildung: TWA

Als der Waid im 17. Jahrhundert durch das importierte Indigo verdrängt wurde, baute man in und um Erfurt vermehrt Gemüse an. Auch die Politik hatte ihren Anteil am Aufblühen rings um die heutige Landeshauptstadt. Verordnungen der mainzischen Obrigkeit zeugen vom Bemühen, den Gartenbau zu beleben.

Im 18. Jahrhundert stellte Christian Reichart den Erfurter Gartenbau auf einen völlig neuen Boden. Er suchte gezielt nach Methoden zur Ertragssteigerung und kultivierte das Dreibrunnengebiet für den Anbau der Brunnenkresse sowie anderer Gemüsekulturen, allen voran des Blumenkohls. Reichart befasste sich mit der Zucht von Gemüse- und Blumensamen, die er in großen Mengen exportierte. So wurde der Erfurter Rettich sehr schnell bekannt, seinen Samen lieferte man bis nach Russland.

In der zweiten Hälfte des 18. und vor allem im 19. Jahrhundert entwickelten sich neben den Gemüsegärtnereien die für Erfurt typischen Kunst- und Handelsgärtnereien. Aus Ein-Mann-Betrieben entstanden nicht selten innerhalb weniger Jahre große Samenzucht-Unternehmen. Vier Namen prägten seitdem den Gartenbau in Erfurt: Blumenschmidt (1828 gegründet), Benary (1843), Heinemann (1848) sowie Chrestensen (1867).

Der Handel mit Gemüse- und Blumensamen trug Erfurts Namen nach Europa, Amerika und Australien. Von der Mitte des 19. Jahrhunderts bis zum Ausbruch des Ersten Weltkrieges erlangte der Erfurter Gartenbau Weltruhm, er dominierte sowohl die Züchtung als auch den Handel mit gartenbaulichem Saat- und Pflanzgut.

Nach dem Zweiten Weltkrieg wurden viele private Gartenbaubetriebe in Erfurt liquidiert, indem sie in Genossenschaften aufgingen oder schließlich verstaatlicht und zu volkseigenen Betrieben wurden. Andere waren gezwungen, dem zunehmenden staatlichen Druck, der alle privatwirtschaftliche Betätigung einzudämmen versuchte, nachzugeben und ihre angestammten Betriebe zu

Die Villa der Familie Benary.
Foto: Marco Kneise

verlassen. Einige fassten in den westlichen Zonen wieder Fuß und konnten auf diese Weise die Erfurter Gartenbautradition fortführen.

Das Schicksal der wohl bedeutendsten Erfurter Gartenbau-Firma Ernst Benary steht stellvertretend dafür. Die Kunst- und Handelsgärtnerei entwickelte sich rasch zur größten ihrer Art in Erfurt. Von Anfang an verlegte sich die Firma auf Samenzucht und Export. Benary bewirtschaftete bald das größte Terrain, er beschäftigte Anbauer im In- und Ausland. Als der Gründer 1893 starb, hatte es die Firma bereits zu weltweiten Handelsbeziehungen gebracht. Seine Söhne Friedrich und John führten das Geschäft weiter. Die Jahre zwischen 1890 und 1914 stellten den Höhepunkt in der Firmengeschichte dar. Die Benarys engagierten sich auch für soziale, städtische, wirtschaftliche und kulturelle Belange, so als Stadtverordnete oder durch Mitgliedschaft in Vereinen und Institutionen. Friedrich Benary beispielsweise war von 1912 bis 1916 Vorsitzender der Handelskammer Erfurt. Ernst Benary, der Sohn von Friedrich, stieg 1917 in den Betrieb ein. Unter seiner Führung überstand das Unternehmen beide Weltkriege, scheiterte aber schließlich an den Verhältnissen in der sowjetischen Besatzungszone und der DDR.

Doch die Benarys zeigten Voraussicht: Schon 1945 gründete einer der Benarys eine Ausweichfirma in Hann. Münden (Niedersachsen). Ernst Benary musste 1951 seinen Erfurter Betrieb aufgeben. Er zog zu seinem Sohn nach Hann. Münden. Dort führten sie die Familientradition erfolgreich fort.

In Erfurt aber blieben schöne Bauten zurück, die heute noch das Gesicht der Stadt mitprägen. Das wohl wichtigste ist der heutige Sitz der Thüringer Aufbaubank. Die Firma Ernst Benary war 1890 in das neu errichtete Geschäftsgebäude in der Burgstraße (heutige Gorkistraße) gezogen.

Die Thüringer Aufbaubank wurde 1992 als Anstalt des öffentlichen Rechts gegründet. Als Förderbank des Freistaats hat sie zahlreiche Aufgaben in der Wirtschafts-, Landwirtschafts- und Wohnungsbauförderung übernommen. Auch die Umweltschutz- und Infrastrukturförderung gehört dazu. Ein Teil der Aufbaubank ist in einem benachbarten Bürogebäude untergebracht. Es wird vom historischen Hauptgebäude über eine verglaste Brücke erschlossen.

Schon 1878 hatte sich die Familie Benary in unmittelbarer Nähe eine Villa bauen lassen. Auch ein Speichergebäude wurde gebaut, welches die Stadt Erfurt inzwischen museal nutzt.

Lebendig wird die Tradition des Erfurter Gartenbaus aber vor allem auf dem Domplatz. An Markttagen bieten hier stets auch heimische Gärtner ihre Blumen und ihr Gemüse an. Allerdings unterscheiden sie sich zumindest in ihrem Auftritt von den „Gartnersch-Waiber“, die den Markt noch vor gut 100 Jahren geprägt hatten. In unverwechselbarem Dialekt schrien sie damals ihre Angebote für „griene Ware“ über den Platz, dass es nur so schallte.

SERVICE

Die Benary-Villa befindet sich am Benaryplatz in Erfurt. Hier ist mittlerweile ein Gesundheitszentrum beheimatet, welches unter anderem Kurse anbietet.

▸ ÖFFNUNGSZEITEN

Montag bis Donnerstag von 9 bis 16 Uhr, freitags bis 13 Uhr.

▸ INFOS

Der Benary-Speicher steht in der Brühler Straße 37. Er beherbergt das Druckereimuseum der Stadt Erfurt sowie eine Südsee-Sammlung. Das Museum öffnet nur nach Anmeldung unter (0361) 655 56 52.

SERVICE

Das Palmenhaus befindet sich in der Schlösserstraße 10 in Erfurt, unweit der Angerkreuzung.
Es ist nur während Veranstaltungen zugänglich, die meist geschlossene Gesellschaften sind. Ab und an finden Tanzabende statt.

▸ **INFOS**
www.palmenhaus-erfurt.de

Das Palmenhaus hat zwei Etagen und wird von einem Glasdach bekrönt.
Foto: Hartmut Schwarz

EIN PALMENHAUS IN ERFURT

Das Gebäude am Anger diente einst als Verkaufspavillon für Blumen

Mitten am Erfurter Anger steht ein 1888 gebautes Palmenhaus, aber kaum einer sieht es. Der Grund ist ein einfacher: Nur über einen wenig auffälligen Zugang neben der Lorenzkirche gelangt man hinein. Steht man aber erst mal unter dem lichtdurchfluteten Glasdach, dann ist man von der Architektur aus Glas und Gusseisen einfach überwältigt.

Am Anfang stand Johann Christoph Schmidt, der 1823 die gleichnamige Gartenbaufirma gründete. Schon bald sprach man in Erfurt von Blumenschmidt. Der Sohn Heinrich Schmidt führte die Firma weiter. 1888 ließ er auch als Ausdruck seines wirtschaftlichen Erfolges das Palmenhaus als Verkaufspavillon errichten. Als Architekt zeichnete Christian Karl Koethe (1850 –1929) verantwortlich. Im Palmenhaus wurden von Dutzenden Frauen frische Blumen gebunden und Gestecke der werten Kundschaft präsentiert.

Doch bereits 1926 musste Blumenschmidt seinen Bankrott erklären. Die Firma ging im Unternehmen Benary auf. Fortan erlebte das Palmenhaus verschiedene Nutzungen. Hier hatte auch die Firma Tausk mit einem Konfektionsgeschäft ihren Sitz. Es wurde in der Pogromnacht 1938 zerstört.

Erst kurz vor der Wende, 1988, wurde das Gebäude durch ein Erfurter Baukombinat rekonstruiert und war kurzzeitig eine Ausstellungshalle. Das Palmenhaus dient mittlerweile als Stätte für Familienfeiern, Hochzeiten oder Firmenfeste. Parteien, Behörden oder Kammern nutzen die besondere Atmosphäre für Tagungen.

NAPOLEON WAR ENTZÜCKT

Erfurter Brunnenkresse ist wohlschmeckend und war einst ein bedeutendes Exportgut

SERVICE

Die Kresseklingen befinden sich am Rande des Erfurter Ortsteils Hochheim entlang der Motzstraße. Auf dem Gelände hat sich mit dem Kressepark ein Erlebnis-Zentrum mit Gastronomie und Kletterhalle angesiedelt.

▸ INFOS

Die Gärtnerei Fischer bietet Führungen zum Kresse-Anbau an. Termine nach Absprache unter (0361) 222 02 92.

Die Gärtnerin Karola Fischer steht inmitten ihrer schwimmenden Kresse-Beete. Damit die Brunnenkresse gut wächst, braucht sie schnell fließendes, mineralisches Quellwasser. Foto: Marco Kneise

Bei einem Besuch in Erfurt wurde dem französischen Kaiser auch Brunnenkresse gereicht. Daraufhin bestellte der begeisterte Napoleon zwei Erfurter Gärtner eigens nach Versailles, um Kresseklingen – so heißen die Wasserflächen für den Anbau – nach Erfurter Vorbild anzulegen.

Das Geheimnis der würzig schmeckenden Brunnenkresse steckt im mineralischen Wasser, wie es das Quellgebiet der so genannten Dreienbrunnen am Erfurter Stadtrand bietet. Zudem ist ein Fließgewässer unabdingbar, da die Kultur bei einem stehenden Gewässer im Winter einfrieren würde.

Bereits im 19. und vor allem in der ersten Hälfte des 20. Jahrhunderts war der Handel mit Brunnenkresse bedeutend für Erfurt. Hauptabsatzgebiete waren Berlin und Leipzig. Zu den Großabnehmern zählte auch eine pharmazeutische Fabrik in Radebeul (Sachsen), die Brunnenkresse zu Heilzwecken verarbeitete.

Wegbereiter für den Anbau der Kresse war der Gartenbau-Pionier Christian Reichart (1685–1775). Um den landwirtschaftlichen Anbau des vitaminreichen Gemüses kümmerten sich seit 1769 Heinrich Haage und dessen Nachfahren, ehe in den 1950er Jahren eine Gärtnerische Produktionsgenossenschaft das Gelände und das Haagesche Anwesen vereinnahmte. Sie hielt die Produktion bis ins Jahr 1976 aufrecht.

Heute stehen Teile der Anlage unter Denkmalsschutz, einen großflächigen Anbau gibt es nicht mehr. Lediglich die Gärtnerei Fischer hält die Tradition noch im Nebenerwerb aufrecht.

Steigerstraße 24
FREISTAAT THÜRINGEN

In Mundlöcher wurde Stroh gesteckt, um so potentiellen Käufern anzuzeigen, dass frisches Bier gebraut worden ist. Dieses Loch kann man am Haus zum Mohrenkopf in der Erfurter Johannesstraße bestaunen.
Foto: Mirko Krüger

NUR DIE BIERLÖCHER BLIEBEN

In Erfurt gibt es zwar keine große Brauerei mehr. Die Spuren der einstigen Bierproduktion sind im Stadtbild dennoch allgegenwärtig

Eine der ältesten Erwähnungen des Erfurter Bieres verknüpft sich mit einem schauderhaften Moment. König Rudolf von Habsburg machte 1289/90 für ein Jahr Erfurt zum Mittelpunkt des Reiches. Von hier aus zog er gegen Raubritter zu Felde. Nach deren Hinrichtung auf dem Fischmarkt soll der Herrscher ausgerufen haben: Wohl an! Ein gut Erfurtisch Bier sei aufgetan!

In die Steigerbrauerei ist das Thüringer Innenministerium eingezogen. Hinter dem Haus beginnt der Erfurter Stadtwald namens Steiger.
Foto: Marco Kneise

Bier gehört seit eh und je zu den Grundnahrungsmitteln. Das lag früher nicht unbedingt am guten Geschmack des Bieres, sondern wohl vor allem daran, dass normales Wasser im Mittelalter und in der Neuzeit oft durch Unrat verdorben war. In Erfurt führte dies zu einer regelrechten Schwemme an Braustätten. Etwa 200 Bürger besaßen hier das Recht, Bier zu brauen und zu verkaufen. Sie durften sich Biereigen nennen.

Schon bald bürgerte sich der Brauch ein, das Vorhandensein frischen Bieres an den Fassaden der Braustätten durch einen Strohwisch anzuzeigen. Das Stroh wurde in Löcher gestopft, die mitunter sehr kunstvoll gestaltet waren, etwa als Dämon mit offenem Mund oder als Löwenmaul. Wer heutzutage durch Erfurt läuft, der kann noch etliche dieser Bierlöcher entdecken.

Als in Erfurt 1817 die Privilegien zum Bierbrauen fielen und damit die Biereigenhöfe der Geschichte angehörten, war der Weg frei für die Entstehung von gewerblichen Brauereien. Im Verlaufe des 19. Jahrhunderts entstanden mehrere Brauereien; es kam wiederholt zu Besitzerwechseln. Schließlich gingen drei Erfurter Brauereien gemeinsame Wege sowie 1921 in der „Leipziger Bierbrauerei zu Reudnitz Riebeck & Co. AG“ auf, dem Vorgängerbetrieb der späteren Braugold Brauerei. Es handelte sich um die Gottlieb Büchner AG in der Daberstedter Straße sowie um die Brauereien J. Baumann in der Sedanstraße und die Aktienbrauerei in der Arnstädter Straße.

Produzierte die nunmehrige Riebeck-Brauerei 1921 noch 100 000 Hektoliter Bier, so konnte sie den Ausstoß bis 1928 fast verdoppeln. Doch die erfolgreiche Entwicklung wurde durch die Krisen- und Kriegsjahre gebremst. Ein Bombenschaden legte 1944 den gesamten Betrieb lahm. Nach notdürftigen Reparaturen begann das Brauen im Juni 1945 wieder, allerdings aufgrund der Rohstoffknappheit nur mit Dünnbier.

1948 wurde die Riebeck-Brauerei in Volkseigentum überführt und 1956 zur VEB Brauerei Erfurt umbenannt. Jetzt erhielt sie ihr bis heute gültiges Warenzeichen Braugold.

Braugold war die größte Brauerei im damaligen Bezirk Erfurt, deshalb wurde sie zum Sitz und Stammbetrieb des Getränkekombinates Erfurt auserkoren. Dieses wurde 1969 aus zehn Brauereien gebildet, zu denen nach 1972 weitere kamen, wie die Erfurter Steigerbrauerei.

Hier hatten ab 1822 die Gebrüder Treitschke den Braubetrieb zum Laufen gebracht. 1908 wurde das Unternehmen in eine Aktiengesellschaft umgewandelt und nannte sich ab dann Steigerbrauerei Aktiengesellschaft. Nach dem Zweiten Weltkrieg wurde der Betrieb volkseigen. Bis 1982 braute man am Steiger. Danach wurden hauptsächlich alkoholfreie Erfrischungsgetränke abgefüllt. 1990 kam es zur Gründung der Steiger Brunnen GmbH, die jedoch schon 1994 geschlossen wurde.

Die ersten Schritte in der Marktwirtschaft machte Braugold an der Seite der Licher Brauerei, 1996 erfolgte die Übernahme durch die Riebeck-Gruppe. In der Zwischenzeit flossen erhebliche Mittel in die Modernisierung der gesamten Anlagen wie in das Sudhaus, die Lagerkeller oder die Flaschenabfüllung. Das Unternehmen behauptete sich einige Jahre erfolgreich am Markt; dann musste es sich dem Konkurrenzdruck geschlagen geben. Braugold existiert nur noch als Marke; das Bier wird andernorts gebraut.

Doch geblieben sind die Brauereien an sich. Da ist zum einen das Wohnhaus des einstigen Brauereibesitzers Carl Baumann in der Schillerstraße 7. Es wurde 1901 zweigeschossig mit roten Klinkern gemauert. Das Baujahr und die Initialen kann man noch immer am Erker ablesen. Dahinter liegt der alte Produktionskomplex. Während die Brache von Braugold auf eine Wiederbelebung als Wohnquartier oder Platz für Büros und Geschäfte wartet, hat die Steigerbrauerei dank Umbau zum Bürokomplex längst eine neue Bestimmung als Behörde gefunden. Hier ist das Thüringer Innenministerium eingezogen.

In Erfurt gebrautes Bier gibt es aber dennoch. Einige Gastwirte produzieren für ihren eigenen Ausschank – ganz so, wie einst die Biereigen.

Die Braugold-Brauerei wurde zur Brache. Foto: Marco Schmidt

Aktie der Steigerbrauerei von 1922. Abbildung: TWA e. V.

1000

Umgestellt auf G M 200.-
Zweihundert Goldmark

Steigerbrauerei Aktiengesellschaft
vormals Gebrüder Treitschke

1000 Mark — ERFURT — № 1822

AKTIE ÜBER EINTAUSEND MARK

Inhaber dieser Aktie ist mit dem Betrage von EINTAUSEND MARK Deutscher Reichswährung bei der STEIGERBRAUEREI AKTIENGESELLSCHAFT VORMALS GEBRÜDER TREITSCHKE als Aktionär mit allen statutenmässigen Rechten und Pflichten beteiligt. — Den Vorschriften des Kapitalverkehrssteuergesetzes über die Gesellschaftssteuer ist nach der Bescheinigung des Finanzamts Erfurt-Stadt vom 7. Juli 1922 No. 9 des Anmeldebuchs genügt.

ERFURT,
den 1. Juli 1922.

Steigerbrauerei Aktiengesellschaft
vormals Gebrüder Treitschke.

DER AUFSICHTSRAT: DER VORSTAND:

Eingetragen in das Aktienbuch Fol.

1000 Mark

SERVICE

Die Braugold-Brauerei befindet sich in der Erfurter Schillerstraße, unweit des Hauptbahnhofs. Die Brache ist nicht zugänglich. Die einstige Fabrikantenvilla liegt direkt an der Hauptstraße und kann zumindest von außen besichtigt werden.

Die Steigerbrauerei liegt in der Steigerstraße, direkt am Rande des Stadtwaldes Steiger. Hier ist nach einer umfänglichen Sanierung das Thüringer Innenministerium eingezogen. Das Gebäude kann nur von außen besichtigt werden.

RAD ART

GELDGESCHÄFTE AM KAFFEETRICHTER

Der Gebäudekomplex der einstigen Thuringia-Versicherung in Erfurt war zu DDR-Zeiten Sitz der Volkspolizei und wurde nach der Wende aufwendig saniert

Nahezu jeder Erfurter kennt den Verkehrsknotenpunkt namens Kaffeetrichter. Hier kreuzen sich seit uralten Zeiten die Fernstraßen 4 und 7. Doch was steckt hinter diesem kuriosen Namen?

Er geht zurück auf ein ehemaliges Café, das einem gewissen Herrn Trichter gehört hatte. Es stand direkt an der Kreuzung. Das historische Caféhaus wurde im Zweiten Weltkrieg weitgehend zerstört. Zwar erfolgte ein Wiederaufbau. Doch der zunehmende verkehrstechnische Ausbau der Kreuzung raubte dem Kaffee seine Gemütlichkeit. Nach mehrmaligem Besitzerwechsel während der DDR-Zeit wurde es nach langem Leerstand 1993 abgerissen und durch ein Bürogebäude ersetzt.

Dessen ungeachtet: Der Name Kaffeetrichter hat sich für die Kreuzung durchgesetzt.

Wer heute einen Spaziergang rund um den Kaffeetrichter wagt, der entdeckt einige architektonische Höhepunkte der Thüringer Industriekultur. Dazu gehört vor allem das gründerzeitliche Verwaltungsgebäude direkt gegenüber dem einstigen Café. Hier wurde Banken- und Versicherungsgeschichte geschrieben.

Das ausgangs des 19. Jahrhunderts errichtete Gebäude hat den Charme eines Palais. Foto: Sascha Fromm

Mark Escherich.
Foto: Frank Karmeyer

„NICHT AUF RUINEN REDUZIEREN“

Drei Fragen an den Erfurter Bauhistoriker Mark Escherich

Jeder kennt den Erfurter Dom und die Krämerbrücke. Stehen Industriedenkmäler in der Landeshauptstadt nicht automatisch im Schatten?
Seine zweite, bis heute andauernde große Blüte verdankt Erfurt der Industriemoderne des 19. und 20. Jahrhunderts. Erst mit Eisenbahnanschluss, Entfestigung und Hauptstadtstatus stieg das Städtchen zur Metropole Thüringens auf. Für die Stadtidentität und das Stadtmarketing spielt das seit wenigen Jahrzehnten keine besondere Rolle mehr. Diese Verschiebungen beeinflussen auch den Erbe-Status historischer Produktions- und Verkehrsbauten. Industriegeschichte sollte aber nicht auf Schandflecke und Ruinen reduziert werden.

Wie ist der Zustand der Industriedenkmale?
Am selbstverständlichsten erhalten und gepflegt werden Produktionsbauten der vorindustriellen Zeit, beispielsweise Mühlen, die meist zum Wohnen museal genutzt werden. Größere Produktionsstätten sind nach Wegfall der ursprünglichen Nutzung öfter aufgegeben worden. Gewehrfabrik und Funkwerk im Brühl, die Schokoladenfabrik oder auch alle einstigen Gas- und E-Kraftwerke sind Beispiele.

Werden alle Erfurter Industriedenkmäler in 30 Jahren noch stehen?
Die für Stadt und Land wichtigsten sind in der Denkmalliste erfasst. Oft wird vergessen, dass Baudenkmale aber auch Zukunftsressourcen einer prosperierenden Stadt sind. Durch Umnutzung lassen sich neue Wohnungen, Büro- und Kreativ-Etagen oder kulturelle Räume schaffen, die die Lebensqualität sichern helfen. Ökologisch ist das Bauen im Bestand allemal, es vermeidet Abbruch, Materialentsorgung und es erhält graue Energie.

SERVICE

Das Thuringia-Gebäude steht am Erfurter Kaffeetrichter (Schillerstraße 27). Es kann von innen im Rahmen von Kundenkontakten mit den neuen Nutzern besichtigt werden. Dazu gehören die Geschäftsstelle der Johanniter, eine Tanzschule, eine Musikschule und eine Kanzlei.

Um den „Capitalisten" die Möglichkeit zu geben, zinsgünstige Leihkapitalien in größerem Umfang zu erhalten, wurde in Erfurt bereits 1756 eine Kreditanstalt gegründet. Doch noch zu Beginn des 19. Jahrhunderts wurde von der örtlichen Wirtschaft kritisiert, dass es in Erfurt keine großen Leih- und Wechselbanken gab. Wollten die Erfurter bedeutsame Geldgeschäfte abwickeln, mussten sie nach Frankfurt am Main oder Leipzig ausweichen.

Erfurt hinkte hinterher, Anleihen konnten oft nur bei privaten Geldgebern und Wucherern getätigt werden. Ersuchen nach zinslosen Krediten für die Erweiterung ihrer Produktionsanlagen stellten Unternehmer deshalb oft direkt an die preußische Regierung, allerdings meist erfolglos.

Wo das Risiko wächst, entwickelt sich das Bedürfnis nach mehr Sicherheit. Damit entstanden zeitgleich mit den Banken auch die ersten Versicherungen. 1853 wurde die Eisenbahn- und Allgemeine Rück-Versicherungs-Gesellschaft Thuringia in Erfurt gegründet. Dies erfolgte per Erlass vom 19. Juni 1853 durch die preußische Regierung. Diese Versicherung kam auf Betreiben des Erfurters Karl Friedrich Wehle, Bürovorsteher der Thüringischen Eisenbahn-Gesellschaft, zustande.

Diese Gründung war eine besondere. Die Thuringia gilt als erster Unfallversicherer in Deutschland und als das erste deutsche Versicherungsunternehmen, welches mehrere Sparten anbot.

Die Versicherung kaufte 1879 ein Grundstück von 9000 Quadratmetern, um dort ein würdiges Geschäftsgebäude zu errichten. Die Baukosten einschließlich des Grunderwerbs beliefen sich auf 675 263 Mark.

Im Jahr 1883 folgte der Einzug in das neue Geschäftshaus. Ab 1924 gehörte die Thuringia zur Aachener und Münchener Feuerversicherungsgesellschaft.

1942 zählte man 16 Banken in Erfurt. Außerdem war das Versicherungsgewerbe ausgeprägt. Es beschäftigte um die 2000 Personen, davon allein 300 in der Thuringia.

Nach dem Einmarsch der Roten Armee im Jahre 1945 erfolgten die Schließung und die Enteignung der Versicherung. Die Thuringia verlegte ihren Sitz in die englische Besatzungszone nach Hannover, und schließlich nach München. Heute besteht die Thuringia in der Generali Deutschland AG weiter.

Doch zurück zum Gebäude der Thuringia, das als Denkmal gilt. Es wurde zu DDR-Zeiten als Bezirksdirektion der Volkspolizei und nach der Wende als Sitz des Thüringer Innenministeriums genutzt. In den 90er Jahren war vieles im Umbruch, die neuen Behörden des Landes und der Stadt suchten immer wieder geeignete Räumlichkeiten, bauten neu und zogen dann wieder um. Schließlich stand der große Thuringia-Bau lange leer.

Das Ensemble wurde in den letzten Jahren umfassend saniert und neuen Nutzungen zugeführt. Straßenseitig entstanden Gewerbeeinheiten und im Innenhof hochwertige Eigentumswohnungen.

Der zu DDR-Zeiten angefügte Plattenbau wurde teilweise zurückgebaut. Damit konnte die denkmalgeschützte Fassade am Altbau wieder freigelegt und zu ihrer ursprünglichen Erscheinung zurückgeführt werden. Inzwischen präsentiert sich der Bau als kleines Palais.

Wer Zeit hat, sollte sich die versteckten baulichen Raffinessen einmal genauer ansehen. Denn zwischen den roten Klinkersteinen gibt es allerhand zu entdecken: die filigrane Wandgliederung aus Sandstein, ein laufender Hund (ein wellenförmiger Fries) und ein antikisierendes Relief. Zu sehen sind Greife, Palmetten und Vasen. Man entdeckt korinthische Säulen ebenso wie allegorische Figuren in flachen Muschelnischen.

Von der originalen Innenausstattung ist vor allem der aufwendige Haupteingangsbereich mit seinem steilen Treppenaufgang erhalten geblieben sowie die Treppenhäuser mit geschmiedeten Geländern.

BAUHAUS IN ROTEM BACKSTEIN

Das ehemalige Landesarbeitsamt für Mitteldeutschland entstand im Stil der Neuen Sachlichkeit

Unweit des Erfurter Kaffeetrichters steht das ehemalige Landesarbeitsamt Mitteldeutschlands. Besonders auffällig daran: rot gebrannte Backsteine, klare, einfache Linien, eine zweckbetonte Form. 1930 wurde das Gebäude nach Plänen von Johannes Klaß (1879–1936) errichtet. Es zählt zu den Bauhausbauten Erfurts.

Bereits 1928 gegründet, betreute das Landesarbeitsamt Erfurt die preußische Provinz Sachsen sowie die Länder Thüringen und Anhalt, eben Mitteldeutschland. Klaß entwarf das großvolumige Gebäude im Stil der Neuen Sachlichkeit. Damit passte es zwar nicht in die repräsentative Eleganz der Häuser in der Erfurter Schillerstraße, wohl aber zum architektonischen Œuvre von Klaß in Erfurt, zu dem unter anderem die Mitteldeutsche Landesbank am Anger, das Steigerwaldstadion und die Sparkasse am Fischmarkt gehören.

Der an allen Seiten frei stehende, viergeschossige kubische Stahlbetonbaukörper ist mit roten Klinkern verkleidet und hat ein flaches Dach. In der Mitte der streng axial aufgebauten Straßenfassade gibt es einen rechteckigen Hauptzugang, der von Klinkerwangen flankiert wird. Während die ersten drei Etagen mit breiten Fensterbändern ausgestattet waren, zierten das gesamte Dachgeschoss einst regelmäßig angelegte, kleine Rundfenster. Sie wurden leider teils durch moderne Fensterreihen ersetzt.

Die Nutzung des Hauses folgte dem Auf und Ab der Geschichte. Das wohl dunkelste Kapitel: Nach der Machtergreifung durch die Nazis war hier eine Zentrale für den Einsatz von Zwangsarbeitern untergebracht. Bis 1989 fungierte das Gebäude als Zentralschule des Bundesvorstandes des FDGB. Heute dient es einer Gewerkschaft als Bürohaus.

Klare, einfache Linien und eine zweckbetonte Form prägen das Gebäude.
Foto: Sascha Fromm

SERVICE

Die heutige Bezirksverwaltung der Gewerkschaft Verdi befindet sich in der Schillerstraße 44 in Erfurt. Besucher der werktäglich geöffneten Geschäftsstelle können das Haus auch von innen erleben.

INFOS
Anmeldung unter Telefon (0361) 21 17 141

DEUTSCHLANDS GRÖSSTE FABRIK FÜR ETIKETTEN

Die Erfurter Firma Zander exportierte lange Zeit auch nach England, Frankreich und Holland. Nach dem Krieg wurde aus der Fabrik zuerst die Etama und dann eine Poliklinik

Nennen Sie drei Dinge, die in der DDR-Gesundheitsversorgung als vorbildlich galten? Und was fällt einem sofort ein? Neben dem SVK-Ausweis und der Impfpflicht folgt in den meisten Fällen die Poliklinik.

In der DDR waren dies staatliche, ambulante Kliniken mit mindestens vier verschiedenen medizinischen Fachbereichen. Nach der Wiedervereinigung ordnete man die Schließung dieser Häuser zugunsten der niedergelassenen Ärzte sozusagen von Amts wegen an. Inzwischen ist mehr als ein Vierteljahrhundert vergangen und die politisch ungeliebten Polikliniken feiern ein leises Comeback. Denn viele Vorteile liegen auf der Hand: Teure Apparate, Operationssäle und teilweise auch Personal werden von mehreren Ärzten gemeinsam genutzt, auch die Verwaltung ist zentral. Dadurch fallen meist geringere Kosten für die Krankenkassen an. Und es gibt natürlich Vorteile für die Patienten. Sie haben bei Weiterbehandlungen und Überweisungen innerhalb der Poliklinik kurze Wege.

In Erfurt gibt es eine solche Klinik in der Melchendorfer Straße. Diese unterscheidet sich in gleich zwei Dingen von anderen Polikliniken. Erstens: In den Namen wurde ein Y eingebaut, wohl um Kritik am DDR-Begriff verstummen zu lassen. Zweitens: Ärzte und Physiotherapeuten arbeiten in einem technischen Denkmal. Gemeint ist die Etikettenfabrik, die man zu DDR-Zeiten unter dem Kürzel Etama kannte.

Das Fabrikgebäude war 1919 in der jetzigen Gestalt entstanden. Foto: Jens König

Die Ursprünge des Unternehmens gehen ins Jahr 1899 und ins sächsische Chemnitz zurück. Dort erfand Wilhelm Siegfried ein Verfahren für Etiketten, die preiswert herzustellen und praktisch überall einsetzbar waren. Die sogenannten Andrück-Etiketten sollten bald ihren Siegeszug antreten und ihren Platz auf Dosen, Flaschen oder Papp-Verpackungen finden. Da Wilhelm Siegfried bei seiner Erfindung noch in leitender Stellung in der Textilbranche angestellt war, musste sein Vetter Louis Zander seinen Namen bei der Firmengründung beisteuern. Nachdem der Betrieb 1904 nach Erfurt verlagert worden war, übernahm Siegfried die Oberhoheit. Der Name Zander aber blieb.

Mit den Jahren mauserte sich die Firma zu einem international renommierten Spezialbetrieb. Dabei ging es um weit mehr als nur Etiketten. Schließlich stellte das Unternehmen viele Spezialmaschinen für die eigene Produktion selbst her und hatte auch eine Sonderabteilung für die künstlerische Gestaltung der Etiketten. Gefertigt wurden darüber hinaus auch viele kleine Metallwaren: Briefklammern, Reißbrettstifte, Spiegel-Ösen, Plomben oder Heftklammern. Dazu war der Fabrik eine eigene Galvanik angeschlossen, wo die blanken Teile mit Messing, Nickel oder Silber überzogen werden konnten.

In diesen Zeiten waren in der Fabrik rund 400 Automaten im Einsatz, die täglich jeweils bis zu 60 000 Etiketten produzierten. Bereits 1922 verließen die Erzeugnisse wie beispielsweise Original-Andrück- und Nadel-Etiketten, Orna-Stechetiketten und Klebe-Etiketten millionenweise die Erfurter Fabrik. Es war das bedeutendste Unternehmen seiner Art in ganz Deutschland. Um das Jahr 1928 waren unter dem Firmennamen Zander 1200 Beschäftigte, darunter viele Heimarbeiter, und rund 900 Maschinen registriert. Zehn Jahre später betrug der Exportanteil 40 Prozent, wobei die meisten Etiketten nach England, Frankreich und Holland gingen.

Zwar raffte sich die Etikettenfabrik nach dem Zusammenbruch 1945 wirtschaftlich schnell wieder auf. Sie begann kurz vor der Gründung der DDR mit 90 Mitarbeitern und stellte bald wieder ein umfangreiches Repertoire an Etiketten und Siegelmarken her. Als VEB Etama und mit 250 Mitarbeitern entstanden zu DDR-Zeiten vor allem Haft-Etiketten. Sie klebten auf fast jeder DDR-Verpackung. Dann kam 1989 die nächste Zäsur. Nach anfänglichen Hoffnungen auf einen neuen Investor schlug bald die letzte Stunde und das Gebäude begann zu zerfallen. Die einstige Etama war einer der Schandflecke Erfurts, Dachziegel fielen herunter, Türen wurden vernagelt.

Interessant ist die architektonische Geschichte des großen Komplexes. Die Fabrik war in drei Bauabschnitten errichtet worden. Entlang der Melchendorfer Straße entstanden 1906/07 der südliche Teil und 1910 ein nördlich anschließender Abschnitt. Beide Baukörper waren zweigeschossige Gebäude unter Terrassendächern. 1919 erfolgte ein umfassender Umbau und damit die Vergrößerung zur heutigen Form durch Wilhelm Holzinger. Das Hauptgebäude steht heute noch als ein kompakter, streng gegliederter Baukörper mit abgerundeter Ecke an einer Straßeneinmündung.

In den letzten Jahren steckten Investoren mehrere Millionen Euro in die Ruine, möbelten die alte Fabrik baulich wieder auf und eröffneten im Jahre 2009 die neue Polyklinik. Seitdem ist wieder Hochbetrieb in der einstigen Etama.

SERVICE

Das Fabrikgebäude steht an der Einmündung der Melchendorfer Straße in die Häßlerstraße in Erfurts Süden, unweit des Steigerwald-Stadions. Es ist während der Sprechstunden der Klinik auch von innen erlebbar.

DIE FRAGE NACH DEN MITTÄTERN

Der Erinnerungsort Topf & Söhne thematisiert die Beteiligung einer Erfurter Firma an der massenhaften Ermordung von Juden

Stets gern für Sie beschäftigt … So steht es in meterhohen Lettern an einem Erfurter Haus. Der vermeintliche Werbespruch symbolisiert eines der schwärzesten Kapitel in der Geschichte der Stadt. Mit diesem Satz bestätigte die Firma Topf & Söhne der Waffen-SS den Bau von Krematorien in Auschwitz. Seit 2011 befindet sich im ehemaligen Firmengebäude ein Erinnerungsort. Ausstellungen und Veranstaltungen widmen sich nicht bloß der Frage, wer die Mittäter und Mitwisser am Massenmord in den KZ waren. Die Gedenkstätte wirft zugleich die Frage nach der Verantwortung des Einzelnen auf.

Die Biografie der Firma Topf & Söhne reicht bis ins 19. Jahrhundert zurück. 1878 gründete Johann Andreas Topf sein Geschäft zur Herstellung von Feuerungsanlagen für Brauereien. Schon bald produzierte er auch Heizungsanlagen und expandierte. Unter der Firmung J.A. Topf & Söhne siedelte die Fabrik 1889 auf das Daberstedter Feld, den heutigen Standort, um. Mit den Jahren weitete sich das Produktionsangebot aus: Malzdarren, ganze Mälzereianlagen, Dampfkessel, Schornsteine, ja sogar Technik zur Müllverbrennung wurden ins Sortiment aufgenommen. Ab 1914 kamen Krematoriumsöfen hinzu.

Die Fassade des Erinnerungsortes zitiert eine Grußformel des Unternehmens an die SS. Foto: Sascha Fromm

Nach der Machtergreifung Hitlers 1933 setzte Topf & Söhne mehrere Großaufträge zur Errichtung von Getreidespeichern und Silos im Rahmen des Reichsspeicherprogramms um. Das eigentliche Vergehen der Firma ist jedoch auf seine (Geschäfts-) Beziehungen zur SS zurückzuführen: Für die Lager in Auschwitz, Auschwitz-Birkenau, Buchenwald, Dachau, Gusen, Mauthausen und Mogilew lieferte Topf & Söhne Krematoriumsöfen. Auch Be- und Entlüftungsanlagen für Gaskammern bauten die Erfurter. Zahlreiche Unterlagen dokumentieren das Engagement der Inhaber und der Ingenieure in ihrer Geschäftsbeziehung zur SS, ebenso wie ihr Streben um die Monopolstellung. In Erfurt wurde bewusst ein entscheidender Teil der technischen Anlagen des industriellen Massenmordes in den Konzentrationslagern der Nazis erdacht, geplant, weiterentwickelt und hergestellt. Die erhaltenen Betriebsgebäude im Erfurter Sorbenweg sind die baulichen Zeugnisse dieser Geschichte.

Das Verwaltungsgebäude, welches mit seiner 1939 entstandenen architektonischen Gestalt das Selbstverständnis der Firma und ihrer Inhaber im Nationalsozialismus repräsentiert, ist heute ein Erinnerungsort.

SERVICE

Der Erinnerungsort befindet sich im Sorbenweg 7 in Erfurt, unmittelbar an der B7 in Richtung Weimar.
Im ehemaligen Firmengebäude wird die Dauerausstellung „Techniker der Endlösung“ gezeigt.

▸ ÖFFNUNGSZEITEN

Dienstag bis Sonntag 10–18 Uhr.

▸ INFOS

www.topfundsoehne.de

H

MIT DER PFERDEBAHN FING ALLES AN

Seit 1883 rollen Straßenbahnen durch Erfurt. Der Fuhrpark wurde seitdem beständig erneuert, auch das Liniennetz wuchs und wuchs. Das alte Straßenbahndepot in der Magdeburger Allee bewahrt indes auch den nostalgischen Charme der Gründerjahre

Mit einem Beschluss des Magistrates zur Schaffung einer städtischen Straßenbahn wurde 1882 der Grundstein für heutigen modernen ÖPNV in Erfurt gelegt. Bereits ein Jahr später ging es mit Pferdestärken auf drei Linien los. Der erste Betreiber war die Firma Marcks & Balke aus Berlin. Sie baute auch das Verwaltungsgebäude in der heutigen Magdeburger Allee. Allerdings gab sie ihre Konzession schon 1884 an die von privaten Aktionären gegründete Erfurter Straßenbahn AG ab. Als die elektrische Bahn 1894 eingeführt wurde, gab es einen neuen Eigentümer, die Union Elektricitäts-Gesellschaft UEG (1904 mit der AEG fusioniert). Sie gründete zum Betreiben der Bahn bereits 1893 eine Tochtergesellschaft, die Erfurter Elektrische Straßenbahn.

Der Start der Elektrischen erfolgte technisch bescheiden mit 18 Pferdestärken. Das Strecken-

Neben dem historischen Straßenbahndepot entstand nach der Wende der neue Hauptsitz der Erfurter Stadtwerke. Hinter dem rot-weißen Kopfbau erstrecken sich mehrere alte Industriegebäude. Foto: Sascha Fromm

netz wuchs: Von den anfänglichen 9 Kilometern der Pferdebahn auf zunächst 10,5 mit der elektrischen Bahn. Dabei blieb es natürlich nicht: 1908 gab es inzwischen 4 Linien mit einem Netz von 17,4 Kilometern Länge, ab 1912 wurde mit dem zweigleisigen Ausbau des Streckennetzes begonnen.

Ab 1925 nahm man ins Programm der öffentlichen Personentransporte einen neuen Betriebszweig auf: den Omnibusverkehr. Nach zwei Jahren erweiterte man das Angebot durch die Aufnahme von Gesellschaftsreisen per Bus, veranstaltet mit einer Berliner Firma. Der Bus als öffentliches Verkehrsmittel fand regen Zuspruch. 1938 schlug sich diese Angebotserweiterung auch im Namen der Erfurter Gesellschaft nieder, sie hieß ab dann Erfurter Verkehrs-AG (Evag).

Während des Krieges war auch die Straßenbahn zu Sparmaßnahmen gezwungen: Mehrfach mussten 1943 Straßenbahnhaltestellen aufgehoben werden. Auf diese Weise sollte Strom gespart werden. Die Bombardements 1945 brachten Schäden an Gleisanlagen und Fahrleitungen. Der Artilleriebeschuss durch die Amerikaner beschädigte vor allem die im Freien abgestellten Bahnen. Am 11. April 1945 wurde der Straßenbahnverkehr vorerst eingestellt. Stück für Stück nahmen nach Kriegsende die Linien wieder Fahrt auf.

1948 gesellte sich ein weiteres Beförderungsmittel hinzu: der Obus. Auch für diese Linien war der Anger der Kreuzungspunkt. Allerdings stellte man die Obus-Linien 1974 wieder ein.

1950 wurde der städtische Nahverkehrsbetrieb den Kommunalen Wirtschaftsunternehmen (KWU) der Stadt Erfurt angegliedert; 1959 dann in einen VEB umgewandelt. Damit war der VEB (K) Erfurter Verkehrsbetriebe entstanden, er hatte als städtisches Unternehmen die Gewinne an die Stadt abzuführen.

Detail der Fassade mit Hinweis auf das Baujahr 1883.
Foto: Sascha Fromm

Der Verkehrsturm stand einst auf dem Anger.Er wurde als Denkmal ins Straßenbahndepot in der Magdeburger Allee umgesetzt.
Foto: Marco Schmidt

Historisches Emblem der EVAG, hier zu sehen an der 1938 gebauten Oldie-Straßenbahn „92“.
Foto: Mirko Krüger

Ab 1957 begann eine ständige Modernisierung der Bahnen. Die ersten Gelenktriebwagen mit schwebendem Mittelteil kamen 1959. Auch das Strecken-, Halte- und Endhaltestellennetz wurde ausgebaut. 1964 maß die befahrbare Strecke bereits 25,5 Kilometer und wurde von fünf Linien genutzt. Als 1976 die ersten Tatra-Wagen fuhren, war das Staunen der Fahrgäste groß. Die modernen Züge beförderten nicht nur wesentlich mehr Menschen, sondern glänzten auch mit höheren Geschwindigkeiten.

1988 begann der Bau eines neuen Betriebshofes in Windischholzhausen. Die innerstädtische Anlage war für den stark vergrößerten Fuhrpark nicht mehr ausreichend. Schon 1989 konnten die neuen Anlagen in Betrieb genommen werden, fertiggestellt wurden sie erst nach der Wende. Den Sprung in die Privatwirtschaft schafften die Erfurter Verkehrsbetriebe relativ schnell. Die Gründung der Aktiengesellschaft war schon im Frühjahr 1990 abgeschlossen. Das neue Unternehmen hieß nun Erfurter Verkehrsbetriebe AG und setzt damit die Tradition der Vorgängerunternehmen fort.

Doch nicht nur die Geschichte der Verkehrsmittel ist interessant. Auch die Gebäude gehören zur Historie. So hatte die Einführung des elektrischen Bahnantriebs umfangreiche Erweiterungen und Modernisierungen im Betriebsgelände entlang der heutigen Erfurter Breitscheidstraße zur Folge.

Besonders schön im Erhaltungszustand ist das Verwaltungsgebäude Ecke Magdeburger Allee. Wer genau hinschaut, der kann an der Fassade das Baujahr 1883 entziffern. Zur gleichen Zeit entstand das alte Bürogebäude im Hof, es wurde aus gelben Ziegeln gemauert. In der eigentlichen Wagenhalle sind heute ein Schulungszentrum und eine Werkstatt untergebracht. Und es ist das alte Maschinen- und Kesselhaus zu nennen, das um das Jahr 1893 mitsamt Schornstein gemauert wurde.

Doch das Erfurter Straßenbahndepot hat noch einen anderen Schatz zu bieten: den Anger-Turm. Er ist eine ehemalige Verkehrskanzel und damit ein verkehrsgeschichtliches Denkmal. Die fünf Meter hohe Konstruktion besteht aus einer bogenförmigen Treppe, die eine kleine verglaste Wärterkabine trägt. Der Turm wurde 1961 auf dem Anger errichtet und diente der Polizei zur Regelung des Stadtbahn-, Obus- und Pkw-Verkehrs. Eine Mikrofonanlage ermöglichte Lautsprecherdurchsagen. Nach einer Sanierung fand der Turm 2002 auf dem Betriebshof in der Magdeburger Allee einen neuen Standort.

SERVICE

Das Straßenbahndepot befindet sich in der Magdeburger Allee von Erfurt, Ecke Breitscheidstraße. Die Gebäude können von außen besichtigt werden. Die EVAG bietet gelegentlich Sonderfahrten mit historischen Bahnen an.

▸ INFOS

Infos zu den Sonderfahrten unter www.stadtwerke-erfurt.de

NOR

DIE ERSTE NUDELFABRIK DEUTSCHLANDS

In Erfurt werden Teigwaren bereits seit dem 18. Jahrhundert industriell produziert

In Erfurt befindet sich die älteste Nudelfabrikation Deutschlands, seit immerhin 1793. Der heutige Standort in der Eugen-Richter-Straße, in einem Gewerbeareal der Stadt, ist allerdings neu. Bis 1996 produzierte das Unternehmen seine Nudeln in der Liebknechtstraße. Dort befand sich ab 1884 die Nudelfabrik von Ferdinand North samt Fabrikantenvilla.

Zu diesem Zeitpunkt betrieb die Familie North bereits knapp 25 Jahre einen Handel mit Landprodukten und eben eine Nudelfabrikation. Beides ging auf die seit 1722 betriebene Firma der Familie Belling in der Johannesstraße 133 zurück, welche schon 1793 erstmals Nudeln herstellte. Im Jahr 1860 hatte Ferdinand North den Betrieb übernommen.

North wollte mehr aus der Nudel machen und investierte schon bald in die technische Ausstattung, die Rezeptur und die Zutaten.

In der einstigen Fabrik befindet sich nun ein Discounter.
Foto: Marco Schmidt

Drahtnachrichten: NORTH, ERFURT.
Fernruf 54.
Reichsbank-Giro-Conto.

Ferdinand North

Gegründet 1860.

Thüringer Nudel- und Maccaroni-Fabrik

Mühlenfabrikate
Landesprodukte
Dörrobst
Pflaumenmus-Siederei.

ERFURT, den 26. Januar 1906.

Verkaufsbestätigung für Herrn F.W. Milling, Riederam Harz.
über den mir durch meinen Reisenden Herrn Leich
gefl. erteilten Lieferungsauftrag, den ich wie endstehend dankend vermerkte.

Hochachtend
ppa. Ferdinand North

1 Pappfass No. II, ca. 40 kg ffeine Thuringia-Eiernudeln
" F " X M 36.-
1 Pappfass No. III, ca. 35 kg pa. gelbe Fadennudeln " J " 4/0 M 21.-
1/4 Kiste ffeine glatte Eierhörnchen " D " M 40.-
Lieferung zur Abforderung bis Ende April 1906.

Für vom Auslande einzuführende Waren glückliche Ankunft vorbehalten.

Für 50 Kilo ab Erfurt. — Säcke, Kisten und Fässer frei; in Säcken und Blecheimern verpackte Waren brutto gewogen.

Zur gefl. Beachtung.

Sollte eine Abforderung dieser für Lieferung gekauften Waren nicht bis zu dem vereinbarten Zeitpunkte erfolgen, so bringe ich dieselben ohne nochmalige Benachrichtigung zur Verladung, wenn mir inzwischen Ihrerseits nicht andere Weisung zugegangen ist.

Ausstellungen, welcher Art sie auch sein mögen, berücksichtige ich nur dann, wenn mir unmittelbar nach Empfang der Ware Anzeige davon gemacht wird.

St. 21. 8. 05. 2000.

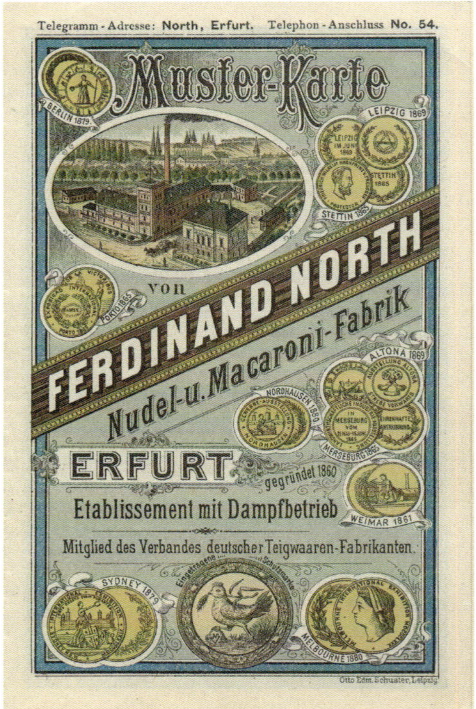

Die Erfolge überzeugten schließlich auch die zurückhaltenden Verbraucher in der eigenen Region. Die Abneigung gegen die Fabriknudeln verflog zusehends. Dabei half 1883 eine besondere Nudel-Kreation: die Hausmacher Eierschnittnudel. Eine geschnittene Eiernudel, wie sie selbst die Hausfrau nicht viel besser machen konnte.
Der Bedarf wuchs und machte so den Fabrikneubau in der Krämpferflur (heute Liebknechtstraße) notwendig. Die Betriebs- und Wohnstätten reichten bis zur Stauffenbergallee. Mehrmals mussten aufgrund der steigenden Nudelproduktion die Gebäude in den folgenden Jahrzehnten umgebaut und erweitert werden, auch die maschinelle Ausstattung wurde nicht vergessen.

Damals fast eine Sensation: Um die gute Qualität zu sichern, unterwarf sich der gesamte Geschäftsbetrieb einer fortlaufenden freiwilligen Kontrolle durch ein Institut für Nahrungsmitteluntersuchungen. Man arbeitete streng unter der Losung: Die gute Nudel nur gedeiht, wo Ordnung herrscht und Sauberkeit!

1896 übernahm Georg North das väterliche Unternehmen. Nach seinem Tod 1924 ging die Geschäftsleitung an die Söhne über. Zu dieser Zeit waren 150 Arbeiter beschäftigt.

Nach Ende des Zweiten Weltkrieges wurde die traditionsreiche Nudelfabrik enteignet und dem Verband der Konsumgenossenschaften unterstellt, später dem Konsum Süß- und Dauerbackwarenkombinat Markkleeberg. 1950 hieß das Werk lapidar Konsum Teigwarenfabrik. Während jahrzehntelang die North-Nudeln mit einem Huhn als Warenzeichen vermarktet wurden, trat bald an dessen Stelle ein neuer Markenname: Koste. Die Spirelli waren damals eine Spezialität aus Erfurt.

Auf einem Geschäftsbrief von 1906 ist die Fabrik abgebildet. Abbildung: TWA e. V.

Mit dieser Musterkarte warb die Nudelfabrik vor 1900 für sich und ihre Produkte. Abbildung: TWA

Die North-Villa liegt neben der ehemaligen Nudelfabrik. Foto: Marco Schmidt

Vor der Villa steht ein an eine Urne erinnernder Gedenkstein. Foto: Marco Schmidt

1988 erreichte die Erfurter Teigwarenfabrik mit 70 Mitarbeitern einen täglichen Produktionsausstoß von 17,5 Tonnen Nudeln und zwar in elf verschiedenen Sorten.

1990 hatte die Teigwarenfabrik einen gelungenen Start in die Marktwirtschaft. 27 Jahre später rollen die Transporter mit Erfurter Nudeln weit über die Thüringer Landesgrenzen hinaus.

Der Komplex aus Produktionsgebäuden und direkt anschließendem Wohnhaus in der Liebknechtstraße ist nahezu vollständig erhalten und nur unwesentlich verändert. Heute einfarbig überstrichen, besaß die Hauptfassade des Objektes durchaus schmückende Elemente, gleichfalls das 1885 in spätklassizistischen Formen als zweigeschossiger Putzbau über rechteckigem Grundriss errichtete Wohnhaus. Dessen Einfriedung ist sogar noch original.

SERVICE

Das einstige Firmengelände befindet sich zwischen Stauffenbergallee und Liebknechtstraße in Erfurt. In der alten Fabrikhalle verkauft ein Discounter seine Waren.
Die Villa North wird als Geschäfts- und Wohnhaus genutzt. Gelegentlich finden hier auch Veranstaltungen statt.

INFOS
www.villa-north.com/

SOLIDE PRESSEN VON HENRY PELS

Die Geschichte der Erfurter Umformtechnik reicht bis ins Jahr 1902 zurück. Die markanten Gebäude sind bis heute in Nutzung

Umformtechnik aus Erfurt? Viele junge Thüringer wissen gar nicht mehr, dass zahlreiche der weltweit eingesetzten Pressen zur Herstellung von Autoblechen aus Erfurt kamen und immer noch kommen.

Im Norden steht eines der größten und bedeutendsten Industriewerke der Landeshauptstadt, dessen Geschichte einst mit dem Namen Pels begann. „Ich arbeite bei Pels“, dieser Satz hatte stets einen guten Klang.

Das Verwaltungsgebäude der Firma Pels entstand in den 1920er Jahren. Es dominiert noch immer eine Straßenkreuzung im Erfurter Norden. Foto: Marco Schmidt

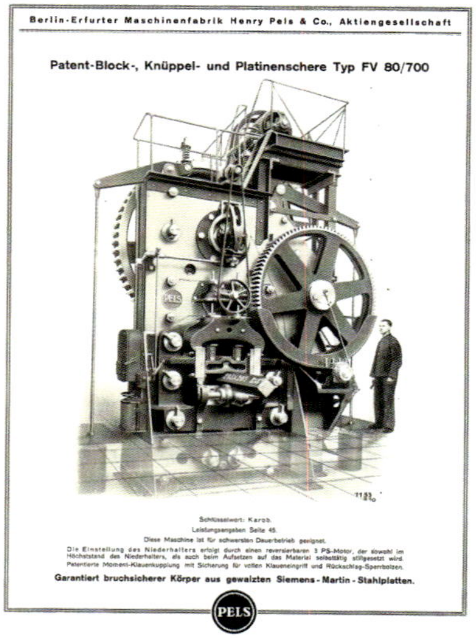

Mit Bildern wie diesen wartete der Pels-Katalog namens „Pressen Scheren Lochstanzen" im Jahre 1928 auf. Abbildung: TWA e.V.

Pressen aus Erfurt galten als modern und unverwüstlich. So heißt es in einem 1960 von der Firma Etablissements C. Boeckel aus Straßburg an den VEB Pressen- und Scherenbau Erfurt gesandten Brief: „Unsere Schere R.T.30 hat uns während 30 Jahren zu unserer vollständigen Zufriedenheit gedient. Hätten Sie vielleicht Gelegenheit, einen Käufer zu finden? Die Maschine ist in sehr gutem Zustand und funktioniert heute noch prima. Außerdem sind wir noch im Besitz von zwei Handmaschinen, eine davon, Modell H 30, nach 1918 von Ihnen geliefert, mit Rundeisenschneider ..."

Die Marke Pels wurde zum Teil bis in die 1950er Jahre verwendet und geht auf den Gründer Henry Pels und seine Berlin-Erfurter Maschinenfabrik Henry Pels & Co. zurück.

Henry Pels wurde 1865 in Hamburg als Sohn eines jüdischen Kaufmanns geboren. Er erlernte den Beruf des Kaufmanns und erwarb schon bald praktische Erfahrungen. 1893 gründete er seine erste Firma. Dieses Handelsunternehmen namens Henry Pels & Co. war in Hamburg ansässig.

Pels übernahm 1902 die Herstellung der schon von ihm vertriebenen Werkzeugmaschinen sowie einen Teil der Fabrikhallen in der Schwerborner Straße im Erfurter Vorort Ilversgehofen. Das war die Geburtsstunde der Berlin-Erfurter Maschinenfabrik Henry Pels & Co.

Bis zum Ersten Weltkrieg produzierte die Fabrik verschiedene Scheren und Lochstanzen oder kombinierte Maschinen. Spezialausführungen gingen an Schiffshersteller.

Henry Pels hatte sein Vertriebsnetz inzwischen gut ausgebaut. Er verfügte über sieben Filialen im In- und Ausland und lieferte jetzt in 15 europäische Länder sowie nach Afrika, Amerika, Australien und Asien.

Mehr als 90 Prozent der Produktion gingen in den Export. Die Erfüllung ausländischer Lieferverträge zwang Pels 1911 sogar, auf die Streikforderungen seiner Erfurter Arbeiter einzugehen und eine Aussperrung aufzuheben.

Bis 1925 wuchs die Erfurter Belegschaft auf 810 und bis 1929 sogar auf 1077 Beschäftigte an. Nicht zuletzt verdankte das Unternehmen seine lang anhaltende Stabilität den sogenannten Russenaufträgen, die schon seit Anfang der 1920er Jahre bei Pels getätigt wurden. Noch im Jahre 1999 wurden in einem Werk im russischen Saratow Pels-Maschinen eingesetzt, die in den 20er Jahren ausgeliefert worden sind.

Nach dem Zweiten Weltkrieg startete das Unternehmen neu durch. Ab 1954 gehörte der Betrieb zum Volkseigentum der DDR. Er wurde zum VEB Pressen- und Scherenbau Henry Pels. Hauptabnehmer blieb die Sowjetunion.

Das weltweit berühmte Firmen- und Produktzeichen PELS durfte die Erfurter Firma allerdings nach einem Rechtsstreit mit den Industriewerken Karlsruhe nicht mehr benutzen. So entschied man sich für das neue Zeichen ERFURT, das ab 1957 an den Maschinen zu lesen war.

1970 wurde aus neun Betrieben der DDR und einem Forschungszentrum der VEB Kombinat Umformtechnik Erfurt gebildet. Ihm wurden 1974 und 1976 weitere Betriebe angeschlossen.

Mit erheblichen Investitionen in die Modernisierung der Fertigungsanlagen und der Konstruktion konnte der Produktionsstandort Erfurt bis heute erhalten bleiben. Sicher ein Grund, warum man die schöne Architektur des Werkes immer noch bestaunen kann.

Das Hauptgebäude wurde zunächst als Verwaltungsgebäude nach einem Entwurf von Karl Stodik in mehreren Bauabschnitten zwischen 1921 und 1924 an der östlichen Begrenzung des heutigen Henry-Pels-Platzes errichtet. Es ist ein langgestreckter dreigeschossiger Baukörper aus roten Mauerziegeln mit flachem Satteldach. Der Grundriss folgt dem Straßenverlauf. Stück um Stück wurde dieser Bau erweitert, es entstanden Werkshallen ebenso wie Ateliers für die Konstrukteure und eine Versandhalle.

Östlich und an die heutige Hugo-John-Straße anschließend liegt ein ehemaliges Produktionsgebäude für Presswerkzeuge, das jetzt von anderen Nutzern gemietet ist. Es stehen noch Teile der alten Härterei ebenso wie der Versand.

Heute arbeitet das Werk unter dem Dach des weltweit operierenden Schuler-Konzerns. Als einer der zentralen Produktions- und Servicestandorte fertigt die Erfurter Niederlassung zumeist Anlagen für die Automobil-, Zuliefer-, Elektro- und Hausgeräte-Industrie. Das Leistungsspektrum reicht von der Herstellung und Montage unterschiedlicher mechanisch und hydraulisch angetriebener Pressen bis hin zu umfassenden Servicedienstleistungen. Eine Tradition, die alle politischen Wenden überlebt hat.

SERVICE

Das heutige Schuler-Werk befindet sich im Erfurter Norden, in der Schwerborner Straße 1. Es kann jederzeit von außen besichtigt werden.

STADTMUSEUM

Schiller hatte das Bertuchhaus als das schönste Haus von Weimar bezeichnet.
Foto: Sascha Fromm

EIN KONTOR IM HERZEN WEIMARS

Die Residenzstadt war einst der Sitz vieler Druckereien und Verlage. Davon zeugt auch das Bertuchhaus. Es ist nach einem Verleger und Kaufmann der Goethe-Ära benannt. Inzwischen beherbergt es das Stadtmuseum

Heute sind Zeitungen und Bücher eine Selbstverständlichkeit. Aber erst mit der Erfindung des Buchdrucks mit beweglichen Lettern durch Johannes Gutenberg in der Mitte des 15. Jahrhunderts wuchs die Nachfrage nach Papier. Das herzoglich-sächsische Weimar verfügte ab 1546 über eine Papiermühle. Der Papierbedarf stieg allerdings erst mit der Verbreitung des Zeitungslesens stark an. Die erste Weimarer Zeitung, die „Weimarischen Nachrichten und Anfragen“, erschien 1734.

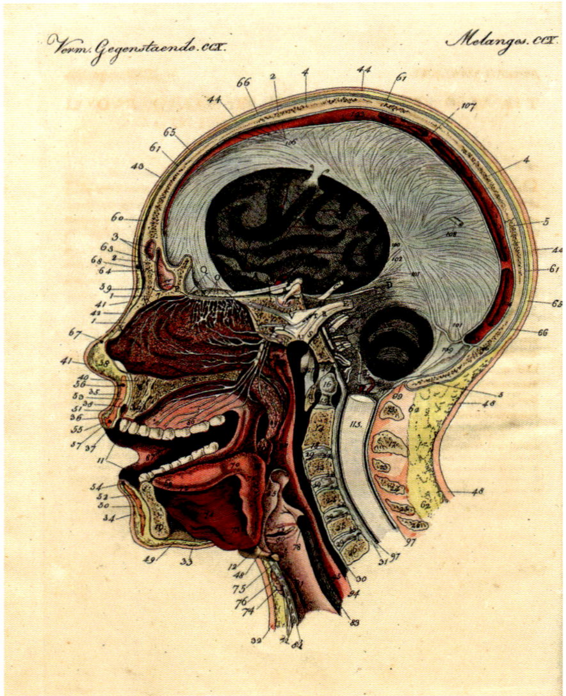

Der Verleger Bertuch gab unter anderem ein elfbändiges Bilderbuch für Kinder heraus. Es versammelte, so sein Anspruch, „eine angenehme Sammlung von Thieren, Pflanzen, Früchten, Mineralien … alle nach den besten Originalen gewählt, gestochen und mit einer … den Verstandes-Kräften eines Kindes angemessenen Erklärung begleitet." Abbildungen: Andreas Wetzel

Die Zahl der Buchdruckereien, der Buchbindereien und der Verlage vergrößerte sich im klassischen Weimar, vor allem im 19. Jahrhundert. Schließlich wurde das Druck- und Verlagsgewerbe sogar zur stärksten Branche der Stadt. Die Weimarer druckten auch Spielkarten, Atlanten und sogar Tapeten.

Die Entwicklung des Druck- und Verlagswesens profitierte natürlich von der Nähe zu den klassischen Dichtern und Denkern. Ein Name war in jener Zeit von besonderem Klang: Friedrich Justin Bertuch (1747–1822). Seine Karriere begann als Übersetzer spanischer, englischer und französischer Literatur. Später gab er Zeitschriften wie die „Allgemeine Literatur-Zeitung" und das „Journal des Luxus und der Moden" heraus. Zwischenzeitlich gründete er eine Fabrik für Kunstblumen und begab sich auch in Staatsdienste. Sogar die Grün-

dung einer Zeichenschule durch den Weimarer Herzog hatte er initiiert.

Das Bertuchhaus entstand von 1780 bis 1782 als Abschluss des dem Verleger bereits in Erbpacht gehörenden Fürstlichen Baumgartens. Es war sein erstes Wohn- und Kontorhaus und ist der heutige Nordflügel der Anlage. Die vom Bauherrn maßgeblich beeinflussten Entwurfspläne lieferte der Baukondukteur Johann Friedrich Rudolph Steiner. Das barock wirkende, zweigeschossige Gebäude wurde axial auf einen kleinen See, den heutigen Weimarhallenteich, ausgerichtet und war in seiner Disposition auf den Garten bezogen. Die Wohnräume lagen im Westen; ein Gartenzimmer war über eine Terrasse mit dem Baumgarten verbunden. Wirtschafts- und Nebenräume befanden sich im zur Straße hin orientierten Teil.

1791 gründete Bertuch das Landes-Industrie-Comptoir, ein Kontor also, eine Handelsniederlassung. Dieses Geschäft fungierte zuvorderst als Verlag für Zeitungen und andere Druckschriften. Der Platzbedarf stieg und stieg. Von 1799 bis 1803 wurde deshalb das Haus in mehreren Etappen erweitert - um einen klassizistischen Mittelbau und einen Südflügel, der den barocken Nordflügel duplizierte. Letztlich entstand ein fünfteiliger, axialsymmetrischer Komplex von etwa 90 Metern Länge. Das neue Gebäude ermöglichte Bertuch, seine bisher in der Stadt verstreuten Geschäfts- und Gewerberäume zusammenzufassen.

Anbauten nahmen Pferdeställe, Remisen, Gewächshäuser und Kutscherwohnungen auf, aber auch Werkstätten, Druckpressen und Lager. Die Verbindung zum Vorderhaus stellten Seitenflügel her. Letztlich entstand durch diese Bauweise ein geräumiger Wirtschaftshof.

Bertuchs einstiger Privatgarten war nach 1900 Ausgangspunkt der Planungen für einen neu anzulegenden Volkspark mit einer Stadthalle. Dieses wurde 1932 in Vorbereitung der Feierlichkeiten zu Goethes 100. Todestag als Weimarhalle umgesetzt. Dadurch ging der einstige Zusammenhang von Bertuchhaus und Parkanlage gänzlich verloren. Bereits mit dem Baubeginn 1928 mussten einige Wirtschaftsgebäude aus Bertuchs Zeit abgerissen werden.

Das Bertuchhaus war nach 1933 zeitweilig Hauptsitz der Thüringer NS-Gauleitung. Später wurde das Gebäude von Ämtern, für Wohnzwecke sowie als Büroraum eines Zeitungsverlages genutzt. Seit 1954 befindet sich hier das Stadtmuseum.

Das Gebäude wurde von 1990 bis 1998 grundlegend restauriert. Besucher, die ganz genau hinschauen, entdecken manch schönes Detail. So ist am Mittelteil als Putzrelief ein Bienenkorb dargestellt, flankiert von Füllhörnern mit Blumen. Der Bienenkorb steht für unternehmerischen Fleiß und Mobilität, die Füllhörner symbolisieren Glück, Überfluss und Fruchtbarkeit. Im Inneren entdeckt man in einer Blattrosette Merkur, den antiken Gott des Handels.

Alles zusammen vereinte Bertuch wie kaum ein anderer seiner Zeit in Weimar.

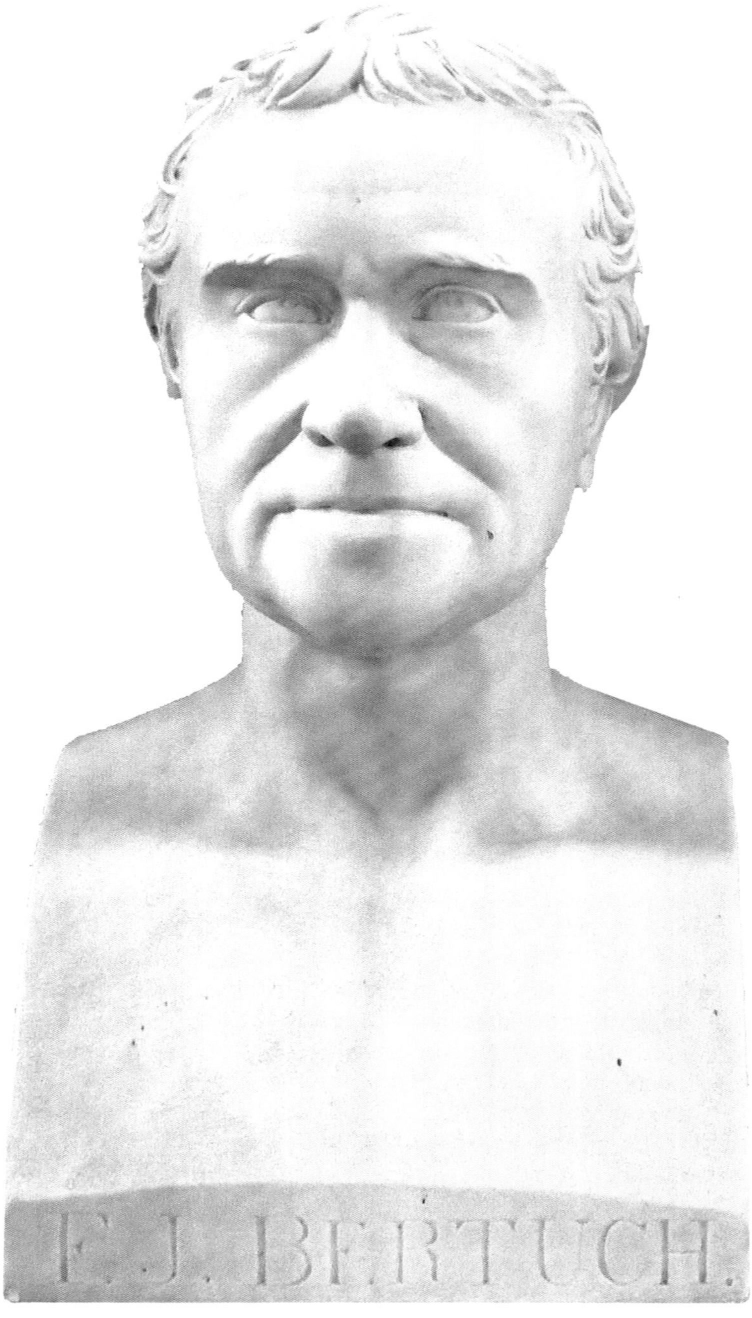

Büste von Bertuch, zu sehen im Stadtmuseum von Weimar. Foto: Dietmar Grosser

„DIE VULPIUS WAR HIER BLUMEN-BINDERIN“

Drei Fragen an Alf Rößner, Direktor des Weimarer Stadt-museums

Alf Rössner.
Foto: Dietmar Grosser

Ihr Museum sitzt im Hause Bertuchs – was war das Besondere an diesem Mann?
Er war der erfolgreichste Weimarer Unternehmer zur Goethe-Zeit. Ein Macher und Gründer. Immerhin fanden zu Bertuchs besten Zeiten zehn Prozent der Weimarer Bevölkerung in den damaligen Industriebauten direkt hinter dem Bertuchhaus Lohn und Brot. Sie übersetzten Texte, malten bunte Bilder, stellten Bücher, Atlanten oder Figuren aus Terrakotta her. Viele Frauen waren in der Blumenbinderei beschäftigt. Die berühmteste unter ihnen war Christiane Vulpius – Goethes spätere Ehefrau.

Wusste Goethe Herrn Bertuch zu schätzen?
Nicht unbedingt. Manchmal hat der Geheimrat sogar über den Unternehmer gespottet, der nichts anderes im Kopf habe, als Geld zu verdienen. Das war insofern ungerecht, da Bertuch sehr viel für die Bildung der Bevölkerung tat und sich sozial stark engagierte. So finanzierte er eine freie Zeichenschule, was die Teilnehmer dann für sein Unternehmen qualifizierte und sie auf diese Weise ihre Familien ernähren konnten. Ungerecht war der Spott auch, weil Friedrich Johann Justin Bertuch selbst ein Feingeist wie Freimaurer war und höchst persönlich den „Don Quichotte“ aus dem Spanischen ins Deutsche übersetzte. Er brachte nicht nur die erste Modezeitschrift in Deutschland heraus, sondern auch ein anspruchsvolles Bilderbuch für Kinder.

Was ist von ihm am Gebäude heute noch zu entdecken?
Viele schöne Details wie der steinerne Bienenkorb oben am Giebel als Sinnbild für Fleiß und Tugend. Und natürlich das gesamte Ensemble, von dem Schiller einst sagte, dass es das schönste Haus in ganz Weimar sei.

SERVICE

Das Bertuchhaus steht in der Karl-Liebknecht-Straße, nur wenige Schritte neben dem Weimarer Goetheplatz. Es beherbergt das Stadtmuseum.

▸ ÖFFNUNGSZEITEN
Dienstag bis Sonntag, 10–17 Uhr

▸ INFOS
www.stadtmuseum.weimar.de

REVOLUTIONÄRES AUS DER STADT GOETHES

Vom heutigen „Pavillon Presse“ aus wurde 1848/49 in Zeitungen zum Umsturz aufgerufen

Spätestens seit Marx und Lenin wissen wir: Revolutionen werden durch Bücher und Zeitungen beschleunigt! Auch in Weimar gab es Schriften, die zur Revolte aufriefen. Solch ein Kind der Revolution war der 1849 geschaffene Verlag des Karl Panse. Er stammte aus Oberweimar und war Schriftsteller, Redakteur sowie Verleger. Als Journalist wirkte Panse bereits in der seit 1832 erscheinenden „Weimarer Zeitung“. In den politisch bewegten Tagen von 1848/49 gründete er die linksliberale Zeitung „Revolution“, die er unter dem Titel „Deutschland“ im eigenen Verlag weiterführte.

Seinem Verlag war eine Druckerei angeschlossen, beide hatten ihr Domizil in der Weimarer Scherfgasse. Neben Druck und Verlag der Tageszeitung erschienen hier auch Werke Weimarer Autoren, bald erhielt der Verlag zudem Aufträge zur Ausführung gewerblicher Drucksachen. Übrig geblieben ist der so genannte „Pavillion Presse“, der ein kleines Druckereimuseum birgt. Seit 1992 wird es durch einen Förderverein als Schauwerkstatt für druckgrafische Techniken genutzt.

Der Renaissancebau wurde – so ist es auf einer Säule im Erdgeschoss zu lesen – 1577 errichtet und weist einige architektonische Besonderheiten auf. Bei der Entfernung des Verputzes im Jahre 2002 wurde an der Nordseite ein Fachwerkgefüge freigelegt, das den Rest eines Ständergeschossbaus von mindestens fünf Gebinden darstellt. Von der Ausstattung ist vor allem die Holzstube im Obergeschoss des Vorderhauses hervorzuheben.

Das Gebäude stammt aus dem 16. Jahrhundert.
Foto: Sascha Fromm

Beim druckgrafischen Museum handelt es sich um eine kleine Schauwerkstatt.
Foto: Sascha Fromm

SERVICE

Der Pavillon Presse befindet sich in der Scherfgasse 5 in Weimar.

ÖFFNUNGSZEITEN

Geöffnet ist das druckgrafische Museum jeden Montag und Freitag 13–17 Uhr.

INFOS

www.pavillon-presse.de

DER VATER DES MODERNEN HOLZBAUS

An Otto Hetzer erinnert in Weimar Nord nur noch eine kleine Gedenktafel

Trauriger geht es kaum. Im Norden Weimars gibt es zwei Denkmäler Thüringer Industriegeschichte, die nebeneinander liegen und eines gemeinsam haben: Von ihnen ist kaum etwas übrig geblieben. Das eine ist die ehemalige Viehauktionshalle, die durch einen Großbrand vernichtet wurde, den jugendliche Dummheit verursachte. Gleich nebenan liegt die so genannte Hetzer-Halle, die im Müll zu versinken droht. Es sind beides unwürdige Zeugen dafür, wie in der Neuzeit mit wertvoller historischer Erinnerung im Bereich der Denkmalpflege umgegangen wird.

Die Hetzerhalle befindet sich in einem ruinösen Zustand.
Foto: Sascha Fromm

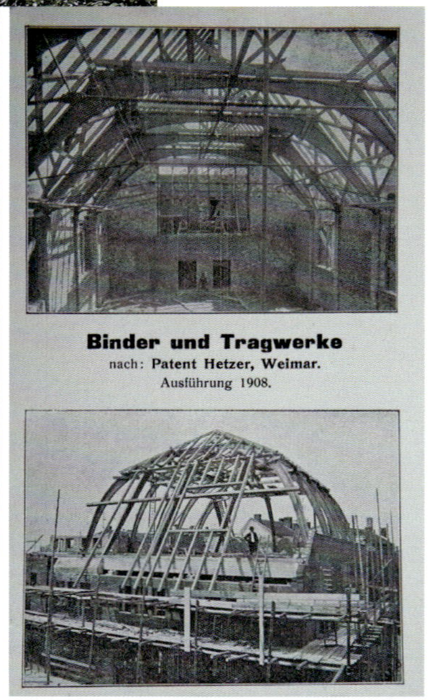

Die Hetzer-Villa
wurde abgerissen.
Foto: Peter Riecke

Eine Gedenktafel für
Hetzer hängt an der Halle.
Foto: Sascha Fromm

Werbebroschüre von 1908 mit
Referenzobjekten der Firma Hetzer.
Abbildung: Peter Riecke

Die einstige Viehauktionshalle entstand im Jahre 1939. Bauherr war die „Verwaltungsgemeinschaft Thüringer Zuchtviehversteigerungshallen Weimar“, Architekt Ernst Flemming. Während des Zweiten Weltkrieges als zentrales Ersatzteillager vom Heeresbauamt, nach 1945 von den sowjetischen Besatzungstruppen als Militärlager genutzt, diente die Halle seit 1995 mehrmals als Spielstätte des Weimarer Kunstfestes. In den 1990er Jahren fanden verschiedene Sicherungsmaßnahmen an Dach und Außenbau statt. Bautypologisch und konstruktionsgeschichtlich bestand ein Zusammenhang mit der um 1940 entstandenen Thüringenhalle in Erfurt. Traurige Berühmtheit erlangten die Hallen während der Nazizeit. Hier mussten sich jüdische Einwohner der Stadt versammeln, ehe sie die Todesfahrt in die Vernichtungslager antraten.

Nur einen Steinwurf entfernt steht die Hetzerhalle, die von wildem Grün überwuchert ist und vor sich hin rottet. Nur ein kleines Schild erinnert an eine große technische Geschichte. Am 22. Juni 1906 nämlich erhielt Zimmermeister Karl Friedrich Otto Hetzer das „Deutsche Reichspatent Nr. 197773“ für gebogene, verleimte Brettschichtträger aus zwei oder mehr Lamellen. Das war vor über 100 Jahren die Geburtsstunde des modernen Ingenieur-Holzbaus. So entwickelte und produzierte Hetzer einen hölzernen Profilträger mit I-Querschnitt, der aus verschiedenen Hölzern (Buche für Druckzone, Fichte für Zugzone) zusammengeleimt war. Der so genannte Hetzer-Träger ist in die Baugeschichte eingegangen. Noch heute ist der Name bekannt, auch wenn nicht mehr viele wissen, wer Hetzer war. Die deutlichen Vorteile seiner Erfindung lagen darin, dass er aus seinen verleimten Hölzern tragende Bauteile herstellen konnte, die es ihm schon damals ermöglichten, freitragende Dächer mit einer Spannweite bis zu 43 Metern zu bauen.

Otto Hetzer konnte noch 1910, bevor er im Jahr darauf starb, auf der Weltausstellung in Brüssel den technischen Durchbruch seiner neuen Bauweise erleben. Dort erhielt eine Reichsbahnhalle in Hetzerscher Bauweise den Grand Prix.

Karl Friedrich Otto Hetzer führte in Weimar ursprünglich ein Dampfsägewerk mit Zimmerei – ein Betrieb, der in Spitzenzeiten bis 300 Leute beschäftigte. In der Zeit von 1891 bis 1910 erwarb Hetzer fünf Deutsche Reichspatente, darunter für einen Parkettboden aus Buchenholz.

Berühmte Hetzer-Hallen etwa sind eine Sporthalle in Leipzig, eine Turnhalle in der Schweiz, die bekannte „Wernesgrüner Musikantenschänke“ und natürlich die Hetzerhalle in Weimar. Dieser aber droht das gleiche Schicksal wie der einst wunderschönen Villa von Otto Hetzer in Weimar Nord. Anwohner kennen den romantischen Bau im Stile eines Märchenschlosses noch als „Grüne Villa“. Sie zerfiel und wurde einfach abgerissen.

SERVICE

Die Hetzerhalle liegt in der Marcel-Paulstraße 57 in Weimar. Die Ruine ist öffentlich nicht zugänglich und kann nur von außen besichtigt werden.

Die heutigen Hallen der KET,
der Kartoffelernte Technik GmbH.
Foto: Sascha Fromm

MÄHDRESCHER UND MOBILKRÄNE

Das Weimar-Werk war einst der größte Betrieb der Klassikerstadt. Alles begann 1898 mit dem Bau von Waggons

Das lernten wir in den Sechzigern noch in der Schule: Weimar ist eine Industriestadt mit zwei großen Betrieben. Beide haben eines gemeinsam – sie liegen oberhalb des Bahnhofs im Norden der Stadt. Im Uhrenwerk wurden (wie es der Name sagt) Uhren hergestellt, meist zum Aufhängen an der Wand. Was viele nicht wissen: Selbst die edlen Goldgehäuse für Armbanduhren aus Glashütte stammten vor der Wende aus Weimar.

Eine ganz andere Zielgruppe hatte zu DDR-Zeiten das Weimar Werk: Mähdrescher, Kartoffelerntemaschinen und Mobilkräne wurden an die Landwirtschaft oder in die volkseigenen Baubetriebe geliefert. In besten Zeiten arbeiteten knapp 6000 Mitarbeiter in diesem Metallbetrieb, dessen Produkte auch im einstigen Ostblock hohes Ansehen genossen.

Doch die Geschichte des Weimar-Werkes reicht viel weiter zurück. Am Anfang standen Waggons. Wer mit dem Zug von Leipzig aus in die Stadt Goethes einfuhr, der hatte über viele Jahre die ausgedehnten Anlagen der Waggonfabrik, des späteren Weimar-Werkes, im Blick. Um die Wende vom 19. zum 20. Jahrhundert waren Lokomotiven, Waggons aller Art und Straßenbahnzüge gefragter

Klassische Industrie-Architektur: Dank der welligen Form des Dachs gelangte viel Licht in die Hallen des Weimarer Werkes. Foto: Sascha Fromm

denn je. Durch den Wirtschaftsaufschwung und mit steigender Bevölkerungszahl setzte ein starkes Städtewachstum ein. Das führte einerseits zur Erhöhung des Warenaustauschs auf Straße und Schiene und andererseits zu einer erheblichen Entwicklung des innerstädtischen Verkehrs. Viele Städte bauten jetzt ein eigenes Netz für die elektrischen Straßenbahnen. Unter diesen Bedingungen machten die Lokomotiv- und Waggonbauer in Deutschland bedeutende Geschäfte.

Auch die Gründer der Waggon-Fabrik Weimar wollten daran mitverdienen. Am 1. Januar 1898 gründeten sie die Aktiengesellschaft Waggon-Fabrik Weimar und setzten ihr neues Werk auf die grüne Wiese. Im Oktober des gleichen Jahres konnte bereits mit der Fabrikation begonnen werden.

Weitaus schwieriger gestaltete sich das Eindringen in den Markt. Die Neulinge wurden erst einmal getestet. Die Kunden drückten die Preise, und da die Waggonfabrik Aufträge brauchte, musste sie mitspielen. So konnte sie bis zum Jahresende nur 72 Wagen ausliefern. Es kam aber noch ärger: Am 9. Juni 1899 brannte es in der Waggon-Fabrik, lange hatte die Gesellschaft mit den Brandfolgen zu kämpfen, bevor dann auch noch das eigene Bankhaus pleite ging und damit die Firma wirtschaftlich in die Knie zwang. Nach einer Neugründung suchte man wieder einmal Absatzmärkte und erweiterte die Produktion von Güter-Kessel und Personenwagen um Eisenkonstruktionen und militärische Ausrüstungen.

1914 übernahm die Waggon- und Maschinenfabrik AG den Großteil der Aktien. Zu dieser Zeit arbeiteten rund 150 Leute in der Buttelstedter Straße. Für das Militär entstanden nun Güterwagen, aber auch Gespannwagen, Munitionswagen, Haubitzenräder und Feldküchen.

Die Arbeitskräftezahl stieg über die Kriegsjahre. 1919 zählte man hier schließlich 600 Beschäftigte. In diesen Zeiten lag die Jahreskapazität bei 1800 Güter- und 200 Personenwagen. Dann kam die

Bagger aus Weimarer Produktion. Foto: Peter Riecke

Weltwirtschaftskrise: Im zweiten Halbjahr 1931 musste das Weimarer Werk wegen Auftragsmangels stillgelegt werden.

Inzwischen waren in Thüringen die Nationalsozialisten an die Macht gekommen. Gauleiter Fritz Sauckel gehörte zu den besonders Ergebenen und Eifrigen. Das Weimar-Werk wurde unter Sauckels Fittichen erheblich ausgebaut und unter dem Namen Gustloff zu einem nationalsozialistischen Musterbetrieb getrimmt. Mancher nannte das Werk deshalb auch Fritz-Sauckel-Werk. Der 1934 begonnene Fahrzeugbau wurde weitergeführt – jetzt entstanden Heeresfahrzeuge. Gleichzeitig begann hier die Waffenfertigung, 5-cm-Granatwerfer machten den Anfang. In der neu errichteten Halle 1 kam dann die Produktion der Flakgeschütze hinzu. Die alte Waggonfabrik sollte sogar Teile für den als Wunderwaffe gepriesenen ersten düsengetriebenen Jagdflieger bauen. Das hatte am Ende tragische Auswirkungen für die Stadt selbst, die von den Alliierten immer mehr zur Zielscheibe ihrer Bomber auserkoren wurde.

Als Rüstungskonzern fielen die Gustloff-Werke nach Ende des Weltkrieges unter das Demontagegesetz. Schon im September 1945 begann der Abbau der Werkzeugmaschinen-Anlagen, im November der der Waffenfabrik. Die komplette Ausräumung, ja sogar die geplante Sprengung konnten dann aber glücklicherweise abgewendet werden. Jetzt wurde im Auftrag der russischen Besatzer weiter produziert: Waggonreparaturen, bald auch Neues, nämlich Schmalspurgüterwagen. Alles Reparationsleistungen.

Im Juli 1946 wurden die ehemaligen Weimarer Gustloff-Werke schließlich zeitweilig Eigentum der UdSSR und als Waggonbau Weimar in die Sowjetische Aktiengesellschaft (SAG) für Transportmittelbau integriert. Um die 1000 Mitarbeiter zählte das Werk damals. Und wie in alten Zeiten entstanden wieder die unterschiedlichsten Waggons: Personen- und Güterwagen, Langholzwagen, Kühl-, Kessel- und Bitumenwagen und ein als Elektroenergie-Station ausgestatteter Waggon.

Am 20. September 1950 war der 1000. Energie-Wagen fertiggestellt. Diese Waggons gingen komplett als Reparationsleistung in die UdSSR. Die Arbeitskräftezahl stieg immens – 1949 waren es bereits fast 3000, ein knappes halbes Jahr später 3500.

Langsam verbesserten sich die Verhältnisse. Am 1. Mai 1952 wurde die Weimarer Waggonfabrik – zusammen mit 66 anderen Betrieben – aus der russischen Obhut entlassen und ins Volkseigentum überführt. Der neue Name lautete VEB Waggonbau Weimar.

Doch beim Waggonbau sollte es nicht bleiben. Schon im März 1953 erhielt das Werk die Weisung, Krane zu bauen. Dementsprechend erfolgte eine Umbenennung zum VEB Kranbau Weimar. Im Mai war bereits der erste so genannte Diem-Kran (dieselmechanischer Schienenkran) fertig geworden. Doch auch dabei blieb es nicht. Die Mechanisierung der Landwirtschaft – eine Hauptaufgabe jener Zeit – verlangte nach Agrartechnik in völlig neuen Größenordnungen. Die Stunde der Mähdrescher brach an. Der erste Mähdrescher – noch aus der Versuchswerkstatt – wurde zum Ereignis – immerhin handelte es sich um den ersten in der DDR produzierten Mähdrescher. Im Juli 1955 wurde der 1000. fertiggestellte Mähdrescher gefeiert.

Auch Krane liefen weiter vom Band. Dafür hatte man nun einen selbstfahrenden mobilen Lader entwickelt, der vor allem in der Landwirtschaft, aber auch in Baubetrieben sehr gefragt war. 1957 ging dieser universell einsetzbare Lader T 170 in Serie. Ende der 50er Jahre gab Weimar die Mähdrescher-Produktion nach und nach an das Landmaschinenwerk im sächsischen Neustadt ab. 1962 verließ der letzte dieser Erntehelfer das Weimarer Werk – er hatte die Nummer 6573.

Mit der Spezialisierung auf die Produktion von Maschinen für die Ernte von Hackfrüchten erhielt das Mähdrescherwerk zum 1. Januar 1964 nochmals einen neuen Namen: VEB Weimar-Werk. Ab 1964 hatte man erstmals ein komplettes Maschinensystem rund um den neuentwickelten Kartoffelsammelroder im Angebot. Auch die Lader blieben ein Hauptbestandteil der Weimarer Produktion.

1990 stutzte man das Unternehmen zurecht: Aus dem Weimar-Werk wurden mehrere GmbH ausgegründet. Auf der einstigen Fläche wuchs ein moderner Industriepark mit vielen Mitarbeitern in kleineren Betrieben. Der übrig gebliebene Bestand an Industriehallen dokumentiert anschaulich den Wandel der Industriearchitektur im 20. Jahrhundert. Produktionsbedingte Erneuerung der Anlagen und vor allem Kriegszerstörungen haben den älteren Bestand dezimiert und ständig verändert.

SERVICE

Das Gelände des ehemaligen Weimar-Werkes ist heute ein Industriepark im Norden Weimars oberhalb des Bahnhofs. Es ist öffentlich zugänglich.

▸ **INFOS**
www.weimar-werk.de

„LÖSCHT FEUER MIT TOTAL"

Vom einstigen Feuerlöschgerätewerk in Apolda blieb immerhin der wunderschöne Eiermannbau übrig

Über viele Jahre war Apolda der Sitz eines bekannten Herstellers von Feuerlöschgeräten. Alles bgeann aus der Not heraus. Denn Mitte der 30er Jahre des 20. Jahrhunderts verschlechterte sich die wirtschaftliche Situation vieler angestammter Textil-Betriebe in Apolda dramatisch. Jetzt, da der Import von Rohstoffen sowie der Export der Apoldaer Erzeugnisse ins Ausland stark eingeschränkt waren, kämpften viele Unternehmer ums Überleben. Oft wurden die einst großzügig angelegten Fabrikräume nicht mehr benötigt. Auch die Web-, Wirk- und Strickwarenfabrik Borgmann & Co. musste ihre Räume abstoßen. Dem Bürgermeister der Stadt Apolda war es aber glücklicherweise gelungen, einen Käufer für dieses Objekt zu gewinnen. Der neue Besitzer war eine Firma aus Berlin, die Total-Werke August Foerstner. Dieses Unternehmen wurde bereits 1912 gegründet und hatte sich auf Feuerlöschgeräte namens Total spezialisiert. „Löscht Feuer mit Total" – so lautete damals ihr Werbespruch.

Der Eiermannbau ist leider nur selten öffentlich zugänglich. Foto: Sascha Margon

1936 kaufte sie den Gebäudekomplex und beauftragte bald einen befreundeten Architekten – Egon Eiermann (1904–1970) – mit der Projektierung eines Erweiterungsbaus. Dieser erlangte später großen Ruhm in der Branche. Eiermann verband die bestehenden Altbauten mit dem Neubau, ausgeführt in Stahlbeton-Skelett-Bauweise. Wie bei damaligen Industrieneubauten oft üblich, wurde auf mustergültige soziale Einrichtungen Wert gelegt. Im Total-Neubau entstanden Umkleide- und Waschräume, eine Küche nebst Speisesaal und sogar ein Dachgarten für die Mitarbeiter. Kurz vor Ausbruch des Krieges war das Gebäude fertiggestellt.

Inzwischen hatte Total den Sitz und damit die Produktion von Feuerlöschgeräten – wie versprochen – nach Apolda verlegt. Ab Mitte 1939 arbeitete das Apoldaer Werk in Doppelschichten, 1940 zählte es 370 Beschäftigte. Bis 1942 fertigte man ausschließlich Feuerlöschgeräte. Diese gingen auch an die Wehrmacht und an die Luftwaffe. Nach Kriegsende und mit dem Einrücken der russischen Truppen verließ der Inhaber Waldemar Foerstner mit seiner Familie die Stadt und seinen Betrieb. Das Unternehmen wurde unter Sequester gestellt und musste sich wegen seiner Kriegsproduktion rechtfertigen. Außerdem war Foerstner, der persönlich haftende Gesellschafter, seit 1937 Mitglied der NSDAP und Wehrwirtschaftsführer. Das führte zu seiner Enteignung. Schlechte Aussichten: Der Chef samt Know-how im Westen, der Maschinenpark im Zuge der Reparationen unterwegs in den Osten. Trotz aller Schwierigkeiten hieß die Devise: Weitermachen. Der inzwischen landeseigene Betrieb Total-Feuerlöscher nahm mit dem Wenigen, was nach der Demontage verblieben war, die Produktion wieder auf.

In den folgenden Jahren galt es aber erst mal mitzuhelfen, die dringendsten Bedürfnisse der Bevölkerung zu decken. Deshalb stellte man zeitweise auch Kochtöpfe her, zudem Schöpfkellen,

Das Industriegebäude verfügt sogar über eine Dachterrasse. Foto: Sascha Margon

Küchenherde und Kartoffelkörbe für die Landwirtschaft. Erst 1949 ging man wieder zur Feuerlöscherproduktion über.

Das Sortiment an Feuerlöschtechnik erweiterte sich Stück für Stück. Es entstanden Handfeuerlöscher für Entstehungsbrände und fahrbare Geräte zur Bekämpfung von Benzin-, Öl-, Lack- und Gasbränden sowie Groß-Feuerschutzanlagen.

Die Erzeugnisse des Apoldaer Werkes kamen in der ganzen DDR zum Einsatz – beispielsweise im Erdölverarbeitungswerk Schwedt. Auch alle in der DDR gebauten Schiffe verfügten über stationäre Löschanlagen aus Apolda. Und natürlich wurde der Export gepflegt – so lieferte man nach Belgien, Griechenland, Syrien, in den Irak, auch in die Vereinigte Arabische Republik. Außerdem gehörten natürlich die sozialistischen Länder zu den Kunden.

1959 begannen die Apoldaer mit der Eigenanfertigung von Stahlflaschen. 1963 errichtete man dazu eine neue Produktionshalle. Mit einer Investition von 6,6 Millionen Mark wurde dieser Fachbereich Anfang der 70er Jahre weiter ausgebaut. Dafür gab es gute Gründe. In der ganzen DDR gab es nämlich nur einen Hersteller nahtloser Stahlflaschen: das Apoldaer Feuerlöschgerätewerk. Nahtlose Stahlflaschen brauchte man zur Speicherung und zum Transport von technischen, medizinischen und Sonder-Gasen. Die Einsatzgebiete waren vielseitig und reichten vom Maschinenbau über die chemische bis hin zur Automobilindustrie. Natürlich wurden diese Stahlflaschen auch für Feuerlöscher benötigt.

Wie überall im Osten, brachte die Wende einen Neuanfang – wenn auch mit traurigem Ausgang. Im Juli 1990 erfolgte noch die Gründung der Apoldaer Feuerlöschgeräte GmbH. Doch lange konnte sich das Unternehmen nicht im harten Wettbewerb behaupten. Nach beinahe 70 Jahren wurde die Produktion 2005 endgültig eingestellt. Im legendären so genannten Eiermann-Bau aber gingen die Lichter schon sehr viel früher aus. Die drastisch gesunkenen Beschäftigtenzahlen führten dazu, dass schon seit 1994 der ehemalige Firmensitz nicht mehr genutzt wurde.

Das Bauwerk ist ein wunderschönes und viel zitiertes Industriedenkmal. Es ist ein viergeschossiger Stahlbeton-Skelettbau. Im Erdgeschoss wurden große Teile eines eingeschossigen Baues der ehemaligen Weberei einbezogen, weshalb dessen Gestaltung, vor allem auch der Fenster, der des Altbaues gleicht.

Je weiter es nach oben geht, um so interessanter wird die Architektur. So sind die Wandfelder der anderen Geschosse oberhalb eines Klinkerstreifens vollständig von Fenstern eingenommen. Auf dem vierten Geschoss gibt es eine Art Dachgarten, der von einem weit ausladenden Dach überdeckt wird. Das Besondere daran: Dieses Pausendeck erinnert durch seine Gestaltung an das Sonnendeck eines Kreuzfahrtschiffes. Sogar einen Schornstein mit ovalem Querschnitt und genieteter Blechummantelung gibt es hier.

SERVICE

Der Eiermannbau befindet sich in der Auenstraße 9 in Apolda. Das Gebäude ist saniert, aber zur Zeit nicht öffentlich zugänglich, da es für eine künftige Vermarktung vorbereitet wird.

INFOS

www.iba-thueringen.de/formate/ibacampus/eiermannbau-apolda

GLOCKENHELLES AUS DER GLOCKENSTADT

Gebraut wurde in Apolda mindestens seit dem Jahr 1440. Die Apoldaer Vereinsbrauerei, in der diese lange Tradition gipfelte, entstand allerdings erst 1887

In der ersten Hälfte des 18. Jahrhunderts bildeten sich zwei so genannte Braugesellschaften in Apolda heraus, die der Innenstädter und die der Vorstädter. In der ersten Hälfte des 19. Jahrhunderts vereinigten sich die beiden Braugesellschaften zu einer, die allerdings gespalten war in die Lagerbier-Brauenden (die Hellbrauenden) und die, die auf das althergebrachte Dunkelbier spezialisiert waren. Übrig geblieben ist bis heute nur eine – eben die Vereinsbrauerei. Und diese zählt zu den wenigen überlebenden Braustätten Thüringens nach der Wende überhaupt.

Auf jeden Fall können die Apoldaer heute stolz auf ihre Fässer pochen: Während in Erfurt längst kein Bier mehr im großen Stil gebraut wird, ging es in Apolda Schritt um Schritt wieder aufwärts. Dort schrieb man zu DDR-Zeiten sogar Brau-Geschichte: 1969 wurde hier das erste Diät-Pils für Diabetiker gebraut. Entwickelt hatten es zwei junge Männer aus der Apoldaer Vereinsbrauerei, Günter Ramthor und Werner Keyser, beide Braumeister von Beruf. Und es gab einen kleinen

Brauer Gerd Dobberkau im Apoldaer Sudhaus.
Foto: Peter Michaelis

Günter Ramthor.
Foto: M. Kneise

„WIR IM OSTEN BRAUCHTEN ERST MAL MILLIONEN“

Drei Fragen an Günter Ramthor, Ex-Chef der Apoldaer Vereinsbrauerei

Wie viel Braubetriebe gab es vor der Wende in Thüringen?
Jede größere Stadt in Thüringen hatte damals ihre Brauerei und ihr eigenes Bier. Die Betriebe waren unter einem Kombinat zusammengeschlossen.

Warum wurde das DDR-Bier so schnell trüb?
Uns fehlte die Technik, um es ordentlich zu filtrieren und zu pasteurisieren. Das war auch ein wichtiger Grund, warum einige Thüringer Brauereien nach der Wende in die Knie gingen. Das Westbier kam über Nacht und war natürlich in guter Qualität. Wir im Osten brauchten erst mal Millionen, um die Anlagen auf neuesten Stand zu bringen. Ohne einen zahlungskräftigen und fairen Partner aus dem Westen hatte man da wenig Chancen. Hinzu kam die Neugier der Ostdeutschen, endlich mal Westbier trinken zu dürfen. Das dauerte bis Mitte der Neunziger, als ein Umdenken begann und sich die Thüringer wieder auf ihr eigenes regionales Bier besannen. Bis dahin waren aber viele Betriebe tot.

Wer überlebte nicht?
Heute gibt es keine nennenswerten Braubetriebe mehr in größeren Städten wie Erfurt, Arnstadt, Nordhausen, Mühlhausen oder Eisenach. Besonders Erfurt schmerzt, weil es kaum eine deutsche Landeshauptstadt ohne eigene Brauerei gibt. Positiv entwickelten sich die Brauereien etwa in Gotha, Köstritz, Weimar, Dingsleben, Altenburg und Apolda.

Historische Aktien der Vereinsbrauerei Apolda. Abbildungen: TWA e. V.

Rekord: 1971 wurden mehr als 100 000 Hektoliter Bier in Apolda gebraut. Dies war auch der Marke „Dominator Spezial“ zu danken, die damals als Bückware galt.

In den Betrieb wurde selbst zu DDR-Zeiten viel investiert. So war die Brauerei in den Zeiten der politischen Wende auf einem guten technischen Stand, durchaus vorzeigbar – auch den ab 1990 immer wieder reinschauenden West-Managern. Längst war der Braumeister Günter Ramthor zum Betriebsdirektor aufgestiegen, der jetzt gemeinsam mit Partnern den Neustart in die Hände nahm. Das war am Anfang sehr schwer, wollten doch alle das tolle Bier aus dem Westen trinken. Doch die Apoldaer Brauerei schwamm gegen den Trend und setzte frei nach dem Motto „Bier braucht Heimat“ auf die Region und behielt recht damit.

Zu einer der wichtigsten Biersorten der Vereinsbrauerei entwickelte sich das gute alte Dominator. Jetzt heißt es allerdings „Apoldaer Pils Spezial“.

SERVICE

Die Vereinsbrauerei liegt am Topfmarkt 14 in Apolda. Der Betrieb kann nur innerhalb einer Führung besichtigt werden

▸ INFOS

Kontakt (03644) 84 84 35.
www.vereinsbrauerei-apolda.de

DIE HEIMAT DES DICKEN PITTER

Die Glockengießerei war ein wichtiger Wirtschaftszweig in Apolda. Zumindest ein Museum erinnert noch daran

Der erste Glockengießer der Stadt, Johann Christoph Rose (1686–1749), siedelte sich 1722 an, nachdem er zuvor in Oßmanstedt die Glockengießerei betrieb. Nach seinem Tod übernahm sein Bruder die Werkstatt in der damaligen Gießereistraße. Von ihm ging sie auf die Glockengießerfamilie Ulrich über, die sie bis 1902 betrieb. Johann Friedrich Jacob Heinrich Ulrich und sein Sohn Heinrich Richard Karl Ulrich (1876–1924) waren die letzten Inhaber. Acht Jahre nach ihrem Konkurs gründete der Sohn wieder eine Glockengießerei, dieses Mal unter dem Namen „Gebr. Ulrich".

Hier, in der Katharinenstraße, wurde 1923 die wohl bekannteste Glocke aus Apolda gegossen: der dicke Pitter, wie die große Petersglocke des Kölner Doms auch scherzhaft heißt. Berechtigterweise, wiegt die Glocke doch 25 Tonnen und hat einen Durchmesser von 3,25 Metern bei einer Höhe von 3,35 Metern.

Aus dem Schoß des Ulrichschen Familienbetriebes entsprang eine weitere namhafte Glockengießerei: Schon 1826 machte sich Karl Ulrich mit eigener Werkstatt in der Bernhardstraße selbstständig. 1878 gelangte sie in den Besitz von Franz Schilling, seine Söhne führten den Betrieb unter der Firmung Franz Schilling Söhne fort. Dieser durfte sich Hofglockengießerei nennen und produzierte solch berühmte Geläute wie die fünf Glocken für die Kaiser-Wilhelm-Gedächtniskirche in Berlin (1895), die fünf Glocken der Dresdner Kreuzkirche oder die vier Glocken für die Himmelfahrtskirche auf dem Ölberg in Jerusalem.

Das Jahr 1986 bedeutete das Aus für die Glockengießerei in Apolda. Übrig geblieben ist das kleine, aber feine Glockenmuseum. Es erzählt von der kulturhistorischen Bedeutung erster Glocken über die Entwicklung des Berufsstandes bis hin zu der Geschichte der Apoldaer Glockengießereien und der richtigen Läut- wie auch Gusstechnik. Viel Wissenswertes über die berühmtesten Glocken der Welt, natürlich aus Apolda, gibt's obendrauf.

SERVICE

Das Glockenmuseum befindet sich in der Bahnhofstraße 41 in Apolda.

ÖFFNUNGSZEITEN
Dienstag bis Sonntag von 10 bis 17 Uhr.

INFOS
www.glockenmuseum-apolda.de

An der Petersglocke versammelt: die Belegschaft der Apoldaer Glockengießerei Gebr. Ulrich im Jahre 1924. Reproduktion: Peter Michaelis

MAL RICHTIG SALZLUFT SCHNUPPERN

Das Gradierwerk „Louise" in Bad Sulza diente einst vor allem der Gewinnung von Salz. Seit mehr als 250 Jahren wird hier aber auch inhaliert, inzwischen sogar ausschließlich

Waren Sie schon einmal in einer Salzgrotte? Das sind erholsame Einrichtungen, in denen man salzhaltige Luft inhalieren kann. Das dient der gesunden Atmung und strafft die Haut – so jedenfalls werben diese kleinen Wellness-Tempel. Die Inhalation des Salzes und begleitender Mineralien wie Jod, Kalzium, Magnesium und Brom wird bei chronischen Infekten der Atemwege und bei Allergien, jedoch auch zur allgemeinen Stärkung des Immunsystems empfohlen.

Das Thüringer Weintor in Bad Sulza. Im Hindergrund ist die Saline „Louise" mit dem Gradierwerk zu sehen. Foto: Sascha Margon

Doch das Einatmen von solehaltiger Luft zu medizinischen Zwecken ist keinesfalls eine Erfindung der Neuzeit. In Thüringen gibt es in Bad Salzungen und in Bad Sulza heute noch vielbesuchte historische Gradierwerke. Derartige Anlagen hatten zunächst eine ganz andere Funktion. Sie dienten der Gewinnung von Salz aus Sole, ohne dass man die Sole dazu künstlich erhitzen musste.

In Bad Sulza existierten nahezu 200 Jahre lang drei imposante Gradierwerke nebeneinander. Das waren bis zu 140 Meter lange Bauwerke mit einer Balkenkonstruktion. In dieses Gerüst sind Schwarzdornbündel eingearbeitet. Mit Hilfe von Pumpen wird die Sole auf das Gradierwerk gehoben und mittels Tröpfelrinnen über die Dornenwände verteilt. Beim Herabrieseln der Sole erfolgt durch den Schwarzdorn eine beträchtliche Oberflächenvergrößerung. Dadurch wird eine günstige Voraussetzung zum Verdunsten des Wassers erreicht. Neben der Konzentrationserhöhung wird die Sole gleichzeitig gereinigt, indem sich Verunreinigungen an den Dornen absetzen. Dadurch entsteht der so genannte Dornstein. Beim Verdunsten wird eine geringe Menge von Salzteilchen durch die Luft weggeführt. In unmittelbarer Nähe des Gradierwerkes wird die Luft dadurch salzhaltig – dies bildet die Voraussetzung für die medizinische Inhalation.

Wohl jeder Landesherr im 18. und beginnenden 19. Jahrhundert schielte neidvoll auf die sich glanzvoll entwickelnden Kurorte Baden-Baden, Ems, Wiesbaden und Schwalbach. Was sie vormachten, wollten auch andere. Ein regelrechtes Heilquellen- und Bäder-Fieber grassierte. Auch Großherzog Carl August von Sachsen-Weimar träumte von einem luxuriösen Bad im eigenen Land, einer vielleicht vorzüglichen Einnahmequelle. Und wieder einmal hatte Goethe seine Hände im Spiel.

Der Geheimrat soll die Anregung zum Einsatz der Sole in Bad Sulza gegeben haben. Im Jahre 1828 weilte er hier zur Besichtigung der Saline. Der an Bergbau interessierte Goethe besah sich aber nicht nur die gut gehenden Anlagen, sondern machte auch eine Wanderung durch die Umgebung bis hinauf zum nahen Herlitzberg. Dabei studierte er die Flora und schloss am Fuße des Berges aufgrund der dort vorkommenden Salzpflanzen auf solehaltiges Quellwasser. So regte er an, auch dort nach Sole zu graben. Gleichzeitig empfahl er, im Ort eine Kuranstalt zu errichten.

Natürlich war die Nutzung der Sole im Dienste der menschlichen Gesundheit bereits sehr viel früher bekannt. Schon in der ersten Hälfte des 18. Jahrhunderts veröffentlichte der Arzt Johann Gregorius Gerhardt einen Aufsatz über die Anwendungsbereiche und es erfolgte eine Behandlung mit so genannter Sulzaer Mutterlauge. Wenig später, 1748, gab man nachweislich das Gradierwerk „Louise“ zur Freiluftinhalation frei. Die „Louise“, welche ab 1896 ausschließlich zu Inhalationen genutzt wurde, versah man später mit Wandelgang und Sitzgelegenheiten. Rundherum baute man noch einige Sport- und Erholungsmöglichkeiten. Übrig geblieben ist heute eine große Wiese, in deren Mitte das Gradierwerk steht. Nur am Rande erinnert eine alte Freilichtbühne an jene Zeiten, da es hier noch Kurkonzerte und Trinkpromenaden gab.

Längst hat sich der Kurbetrieb in Bad Sulza in Richtung Zentrum verlagert. Das alte Gradierwerk funktioniert aber heute noch und bildet eine willkommene Abwechslung ebenso wie eine touristische Attraktion.

Nach der 1989er-Wende brach für alle ostdeutschen Kur- und Erholungsorte keine rosige Zeit an. Die einst staatliche Anerkennung musste neu erkämpft werden. Dazu gehörten die Privatisierung der Kliniken, die Erneuerung aller Kuranlagen, die Verschönerung der Städte, der Ausbau der Infrastrukturen, ansprechende Pensionen, Hotels und Restaurants, interessante Freizeitangebote und vieles mehr. Im Klinikzentrum Bad Sulza werden heute vorwiegend Patienten mit chronischen Krankheitsbildern behandelt.

Die Inhaber des Klinikzentrums hatten 1993 eine zündende Idee – sie boten in ihrem Hause einen Liquid-Sound an, ein Baden mit Licht und Musik. Das Konzept überzeugte alle, Betreiber, Erfinder wie Besucher. Der Andrang war schließlich so enorm, dass man sich entschloss, Nägel mit Köpfen zu machen und die Toskana-Therme errichtete. Sie mutet in ihrer Architektur etwas außerirdisch an – was ihr eine Goldmedaille des Bundesverbandes Schwimmbad-, Sauna- und Wassertechnik einbrachte.

So richtig gemütlich Salzluft schnuppern aber, das geht am besten im alten Gradierwerk „Louise".

SERVICE

Das historische Gradierwerk „Louise" befindet sich am Rande von Bad Sulza in der Straße „Am Gradierwerk 1". Es öffnet zur Besichtigung und zur medizinischen Nutzung. Allerdings wird von Dezember bis Ende März eine Winterpause eingelegt.

ÖFFNUNGSZEITEN

Dienstag und Freitag 14–17 Uhr
Mittwoch und Donnerstag 10–12 und 13–16 Uhr
Samstag und Sonntag 10–12 und 13–17 Uhr

INFOS

www.bad-sulza.de

DIE AUTOREN

Dietmar Grosser studierte Journalistik in Leipzig und war lange Jahre Chef des Ressorts Wirtschaft der Thüringer Allgemeine. Er schrieb bereits mit an Büchern zur Industriegeschichte Thüringens und zum Wirken der Treuhand.

Tamara Hawich ist Historikerin und betreut bei der IHK Erfurt das Thema Wirtschaftsgeschichte und Industriekultur. Als Geschäftsführerin des Thüringer Wirtschaftsarchivs kümmert sie sich seit 2010 um historische Unterlagen, die das Wirken der thüringischen Wirtschaft belegen.